Stefan Rammer · Wieder ganz nah

edition neunzig

*In Zusammenarbeit mit
dem OÖ. P. E. N.-Club*

Stefan Rammer

WIEDER
GANZ NAH

Wie Weltgeschichte
ein kleines Dorf berührt

ENNSTHALER VERLAG STEYR

www.ennsthaler.at

ISBN 978-3-85068-969-4
Stefan Rammer · Wieder ganz nah
Alle Rechte vorbehalten
Copyright © 2016 Ennsthaler Verlag, Steyr
Ennsthaler Gesellschaft m.b.H. & Co KG, 4400 Steyr, Österreich
Umschlaggestaltung und Satz: Thomas Traxl, Steyr
Textur/Umschlag: © Uladzimir / Fotolia.com
Die Zeichnungen im Buch und auf dem Umschlag
stammen vom bayerischen Künstler Josef Schneck
Druck und Bindung: Print Group, Szczecin

Gefördert durch

KULTUR*LAND*

OBERÖSTERREICH

BUNDESKANZLERAMT ÖSTERREICH

Inhalt

Wieder ganz nah

Je weiter wir uns von der Kindheit entfernen, umso näher rückt sie uns. Wir kommen wieder ganz nah an sie ran. Und hole ich mir diesen Ort der längst vergangenen Jahre heran, so wird schnell klar, dass es um die Rekonstruktion einer verschwundenen Welt geht, ja um die Beschreibung eines Dorfes, das es so heute in keiner Weise mehr gibt. Es ist ein Dorf, das für viele Dörfer unserer Region, ja unseres Landes und darüber hinaus steht. Es ist das Dorf in unserem Kopf, das wir mitnehmen, wohin wir auch gehen. Es ist oft der Ort der Sehnsucht, der verklärt, was war, und der doch so wahr ist wie die Geschichten, die es davon gibt.

Wie Atlantis taucht also dieses Schalding rechts der Donau wieder auf. Es ist dann ein Ort, in dem Millionen Tonnen verbauten Sandes, Gesteins und Metalls noch fehlen. Schalding ist nicht wie Atlantis untergegangen, abgetaucht in den Fluten der Donau, was durchaus denkbar gewesen wäre, hat man doch durch den Kachletbau Anfang der

1920er-Jahre den Donaupegel um bis zu 15 Meter gehoben. Die Erzählung dieses Ortes umfasst nicht nur ein – mein Leben. Zu sehr prägen die Eltern, Großeltern und bisweilen gar deren Eltern die eigene Geschichte. Und die fasert aus, in die Welt hinaus. So umfasst diese Geschichte ein spannendes Jahrhundert. Wir Menschen werden ja nur relevant dadurch, dass andere Menschen sich an uns erinnern, dass es eine Geschichte gibt, die man von sich erzählen kann – und eine Geschichte, die über einen erzählt wird.

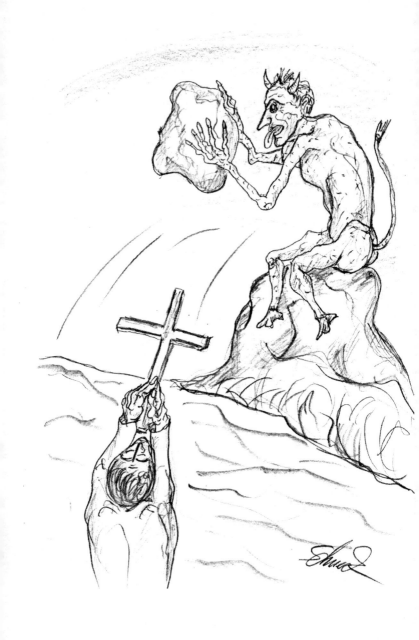

Die Rache des Bocksbeinigen

Hat der Bocksbeinige etwa doch gesiegt, der einer Sage nach auf einem hohen Felsen über der Donau saß und zusehen musste, wie Kaiser Barbarossa mit seinem Tross sich auf Schiffen donauabwärts bewegte, auf dem Weg ins Heilige Land. Die Kreuzfahrer waren dem Teufel ein Dorn im Auge. Er konnte sie nicht ins Heilige Land ziehen lassen, um Jerusalem zu retten. So hob er einen mächtigen Steinbrocken, um damit die Schiffe der gen Osten fahrenden Ritter zu zerschmettern. Doch am ersten Schiff vorn am Bug stehend, hielt Barbarossa dem Satan das Kreuz entgegen. Der Teufel ließ den Felsen fallen und nahm Reißaus. Der Felsen aber zersplitterte in Tausende von Bruchstücken, die fortan wie Mahnzeichen aus den Fluten der Donau ragten. Das Volk nannte sie Ghachlet. Der Name des Anfang der 1920er-Jahre gebauten Kraftwerks, das dem reißenden Strom jede Tücke nahm und die gezackten Felsen untergehen ließ, erinnert bis heute daran: Kachlet.

Satan jedenfalls scheint die Niederlage nie ganz überwunden zu haben. Immer wieder gefällt es ihm, hierher zu fahren. Sein zerstörerischer Geist wirkt viele Jahrhunderte später fort. Der Ort an der Donau wurde ringsum zugebaut und überbaut. Die Bundesstraße 8 wurde ans Donauufer gelegt, ein wunderschöner Uferdamm auf wenige Meter reduziert. Die wild zur Donau mäandernden Bäche, denen einst schon wegen des Kachletstaus übel mitgespielt wurde, verschwanden unter der Erde. Erst hoch-, dann tiefgelegt und in Rohre gezwungen. Welch abscheulicher und doch passender Name für einen Bach: Betonbach. Eingemauert in ein Bett aus Stein nur kann das Wasser den Höhenunterschied zum Strom überwinden, muss gar noch hochgepumpt werden. Für uns Schwarzfischer-Buben freilich die ideale Spielwiese, ungesehen von außen die Forellen abzufischen, wann immer wir wollten. Der Bibersbach verdiente sich seinen Namen wirklich, denn auch den Nagern wäre kein besserer Stausee gelungen.

Der Blick zur Donau wurde bald verstellt vom nie abreißenden Strom der »Blechkisten«, und

die auf der Bahnstrecke täglich bis zu 100 vorbei-
donnernden Züge taten das Ihre zum Konzert,
das keiner hören wollte. Und zu allem Überdruss
kam der Überbau. Kam die Autobahnbrücke, um
auch aus großer Höhe die Beschallung eines Ortes
voranzutreiben. Was war das für ein Auflauf, als
kein Geringerer als der Bundesverkehrsminister
Georg Leber 1969 nach Schalding kam, mit gro-
ßem Tross, der hinter unserem Haus haltmachte.
Der SPD-Politiker Fritz Gerstl, Landrat und später Bundestagsabgeordneter, holte meinen Großvater, einen altgedienten Genossen und Heininger Gemeinderat, an seine Seite und marschierte
mit dem Leber Schorsch, wie er ihn nannte, zum
ehemaligen Fußballplatz, wo der Spatenstich für
den Brückenpfeilerbau stattfand. Damals standen noch die kleine Güterhalle und die einstigen
Bahnbauten, in denen die Familie Hartl ein Aus-
kommen hatte. Hier gründete der spätere Heimatforscher und Mundartschreiber Fritz Haider
seine Familie. Und ich, der vorlaute Knabe, erzählte dem Minister, dass wir jedes Jahr Leber-
würste machen würden. Was hat der gelacht. Gut
20 Jahre später noch, als ich ihn im Kreis von

Annemarie Renger und Egon Franke im »Langen Eugen« in Bonn traf, erinnerte er sich an den Buben, der ihn da so forsch überfahren hatte mit seinem Namen.

Flussmannsgarn

Doch ich will ja in die Tage, die dem Paradies so nahe waren, denn jede Kindheit, ist sie glücklich und umsorgt von lieben Menschen, ist ein Paradies, aus dem man halt leider irgendwann doch vertrieben wird. Ich erinnere mich an Menschen und ich erinnere mich an Häuser, Bauten und Wege, die es nicht mehr gibt. Ich will sie beschwören, jene magischen Orte und einige Menschen, so wie sie mir, der damals Kind war, in Erinnerung geblieben sind.

Warum nicht mit dem alten Huber anfangen, dessen Schiffsmodelle oben in der Wohnung im zweiten Stock des Schaldinger Hauses mich genauso lockten wie seine Fischsuppen, die, wenn er sie kochte, das Treppenhaus mit herrlichem Duft durchzogen. Dass er Schiffe in der Wohnung hatte, wen wundert's, war er doch Donaudampfschifffahrtskapitän und auf dem Strom zu Hause sein Leben lang. Wenn er uns zudem ans Donauufer mitnahm, wo er einen Schuppen und eine Holzzille sein Eigen nannte, wurden wir nicht nur seines Seemannsgarns anhörig, das natürlich ein Flussmannsgarn, aber nicht minder wassermann- und nixengeschwängert war.

Wer weiß schon als Kind, was eine Melusine ist und warum man sich vor dunklen Wasserwirbeln hüten sollte, denn besagter fischschuppiger Wasserherrscher und seine Fabelgestalten haben schon manches Kind in die Tiefe gezogen. Jedenfalls glaubte das das Kind und lange danach noch, bis mir die Mutter erklärte, dass ich im Sternzeichen des Wassermanns Geborener da keine Schwierigkeiten haben dürfte, mit dem nassen Element nicht und auch nicht mit den wundersamen Wesen, so es sie denn geben sollte. Saß man so am Ufer und schaute gedankenverloren in die Strudel und Wirbel des Wassers, sah Blasen aufsteigen und dunkle Ringe sich eindrehen, hielt man sie für möglich, die Geister des Stromes – dieser wusste Geschichten von ihnen zu erzählen, wer sie hören konnte, säuselnd zart oder aufgewühlt brausend, der die dicken Regentropfen zurückzuwerfen schien und die Blitze verschlang wie ein hungriger Wal seine Beute. Nicht selten wurde ein Gespenst traurige Realität, bekam es ein Gesicht, ein grausliges, entstelltes. Denn ab und an wurden Wasserleichen aus der Donau gefischt. Furchtbar aufgedunsene Leiber, bestialischer Gestank, meist waren es Selbstmörder, auf der Reise ins Nirgendwo. Der Friedhof der Namenlosen ist weit unterhalb bei Wien. Bei uns bekam freilich so manch nicht identifizierbarer Toter ein Grab. Der Huber holte manchen raus und erzählte uns dann davon, wie er sie seitwärts in die Zille gehievt und an Land gebracht hatte.

Der alte Kapitän, hager und hohlwangig, trockenen Humors, eher wie ein richtiger Seebär von der Wasserkante wirkend und doch ein Niederbayer durch und durch, führte uns auch in die Welt des Fischens ein, erklärte uns Angel, Haken, Schwimmer, Blei und Silk, ließ uns Knoten binden, Bleikugeln schmelzen und schließlich auch Fische fangen, schuppen, ausnehmen, mit nach Hause nehmen. Und die weißen Schwimmblasen der Fische ließen wir krachen. Welches Kind hat heute schon noch solche Einblicke in die Innenwelten der stummen Tiere. Der Duft der Fischsuppe, die der Huber kochte, durchzog das ganze Haus

und ließ uns früh vom Meer träumen. Ein wort-
karger Mann war er, er erklärte mit den Händen,
wir brauchten bloß zuzuschauen. Und wenn einer
am Anfang meiner Schwarzfischerkarriere stand,
dann war er es. Seine Zille lag nicht weit entfernt
von jener Donaufähre, die das rechte Schalding
mit dem linken Schalding verband, die die Menschen hüben und drüben im wahrsten Sinne auch
verbandelte. Springinklee hieß die Fährmanns-
familie, die eine der Ihren gar an einen Rechts-
ufrigen abgab, einen Vetter meiner Mutter.

Verbindung in die Welt hinaus

Was heute die wenigsten noch wissen: Auch das linke Donauufer gehörte einst zum Heininger Kirchensprengel. Es wurde hin und her geheiratet. Erst Anfang des 20. Jahrhunderts baute die Bürgergemeinschaft vom linken Ufer eine eigene Kirche, wurde Pfarrei. Mein Schalding hatte da immerhin schon einen wichtigen Bahnhof, der die Menschen nach Passau, aber auch viel weiter in das ganze Land brachte. Unter uns Kindern kursierte ein ganz spezieller Witz, den natürlich nur versteht, wer diesen Ort kennt: *In Peking am Hauptbahnhof geht ein Mann zum Schalter, um sich eine Fahrkarte zu kaufen. »Wohin wollen Sie?«, fragt der Schalterbeamte. Der Passagier antwortet: »Nach Schalding.« Darauf der chinesische Eisenbahner: »Salding links odel Salding lechts del Donau?«*

Ja, da am Bahnhof war was los. Die Leute fuhren Zug. Die Eisenbahn baute hier einen Güterbahnhof, der ein regionaler Umschlagplatz war. Oft wurde Tag und Nacht rangiert. Um auf den

Bahnsteig zu kommen, musste man sogar eine eigene Karte lösen. Ich habe jeden Tag den Metallkasten abgesucht, in den die Passagiere ihre Fahrkarten bei der Ankunft einwarfen. Die tollsten Abfahrtsorte standen da drauf. Die Karten verbanden uns mit dem ganzen Land und darüber hinaus. Als Mitte der Siebzigerjahre dann aber doch Schluss war mit dem Haltepunkt Schalding und der Bahnhof aufgelöst wurde, haben mein Bruder und ich uns kräftig bedient. Wir holten Schränke, Schreibtische und sogar das Fenster mit der messingumrahmten runden Öffnung, durch die man mit dem Fahrkartenverkäufer reden konnte. Lange Jahre diente es uns als variables Spielzeug. Der massive Schreibtisch aus Eiche mit seinen vielen Fächern und Laden sollte mir noch lange ein treuer Begleiter sein.

Eine der letzten Zugfahrten führte mich hinaus in die großen Weiten des Weltalls zu den Jedi-Rittern. Der erste Film der Reihe, die Kult werden sollte, lief im Kino. Als blutjunger Betreuer der Kinder der Pfarrgemeinde besuchte ich mit Buben und Mädchen das Spektakel, das mir damals zusammen mit der Lektüre von »Perry Rhodan«

und »Herr der Ringe« das Tor in utopische Welten aufstieß. Je gnadenloser das Paradies der Jugend dem Untergang geweiht war, umso empfänglicher waren die Gedanken für die unendlichen Weiten der Fantasie, die man nicht zumauern, zusperren, einengen oder wegsperren kann.

Das Runde verbindet

Eingezwickt zwischen Bahnlinie und Bundesstraße 8 lag der Fußballplatz. 1946 haben Flüchtlinge und Ansässige hier zusammengefunden beim Sport. Der Rittsteiger Hefefabrik-Besitzer hat den jungen Männern das Grundstück überlassen. Die den Krieg überlebenden und bald aus der Gefangenschaft heimkehrenden jungen Männer und die heranwachsenden Burschen wollten endlich wieder spielen, mit einer Kugel, die nicht tötet. Ebenso die Vertriebenen und Flüchtlinge, denen der Sport die Möglichkeit zu einer besseren und rascheren Integration gab. Da verschlug es sogar recht gute Fußballer aus Ungarn, Rumänien oder dem Sudetenland hierher. Mit Erlaubnis der amerikanischen Besatzer durfte der Verein gegründet werden. Erstaunlich, wie viel Familiengeschichte auch in diesem heute so erfolgreich in der Regionalliga kickenden Verein steckt. Mein Großvater war Gründungsmitglied, gar der erste stellvertretende Vorsitzende. Sein Sohn machte den Platzwart, sein Schwager organisierte die ersten

Versammlungen und wurde später vom Spieler zum Vorsitzenden und Chronisten. Mein späterer Vater, Flüchtlingskind und fremd, fand hier erste Kontakte und wohl auch nicht nur die Liebe zum runden Leder, auch zur Tochter meines Großvaters, der einen Steinwurf entfernt wohnte. Verdanke ich meine Existenz dem runden Leder? Oder doch der Kraft der dadurch heraufbeschworenen Gemeinschaft? Wen wundert es, dass der kickende Vater den Sohn mitnahm auf den Fußballplatz, der eigentlich nichts anderes als eine holprige Wiese war.

Die Fußballer von damals gingen zu Fuß zu den Auswärtsspielen. Glücklich, wer ein Fahrrad hatte, denn der kam weniger müde schon vor Spielbeginn an. Der Holzvergaser des Heiningerwirts kam nur bei den wirklich wichtigen Spielen zum Einsatz. Einmal ist er auf dem steilen Streicherberg am linken Donauufer hoch nach Aicha vorm Wald stecken geblieben. Die Burschen hüpften runter vom offenen Laster und schoben ihn den Berg hoch. Aufwärmen haben sie sich nicht mehr müssen vor dem Spiel.

Um alles musste gerungen werden. Die Spielkleidung musste jahrelang halten, die Schuhe auch, die harten, vom Wasser oft kiloschweren Lederbälle sowieso. Mein Vater vergaß nie das Malheur, als die Frau des damaligen Vorsitzenden die Trikots zum Trocknen aufhängte und die auf der Wiese sich unter der Wäscheleine tummelnden Schweine über die Dressen kamen und sie aufzufressen begannen. Wie ausgehungert müssen selbst die Schweine damals gewesen sein! Heute werden die Trikots sogar in unteren Klassen schnell entsorgt. Damals mussten sie Jahre halten. Einige habe ich noch in Besitz. Selbstverständlich aus Baumwolle, robust und reißfest bis heute.

Im Lager Schalding lebte und wirkte der Schuster Kalafuß. Egal, welche Lederlappen man ihm brachte, er fügte sie zu einem Schuh zusammen, für die Buben bevorzugt zum Fußballschuh. Und der aus Rumänien stammende Mann sammelte die Buben um sich und formte die ersten Jugendmannschaften. Einen Katzensprung weg von meinem Eltern- und Großelternhaus lag der Fußballplatz, an unserem Ziehbrunnen labten sich die Fußballer in der Halbzeitpause und nach dem

Spiel gab es gar manche kalte Dusche. Ich höre sie noch heute prusten, wenn das aus neun Metern Tiefe per Hand heraufgepumpte kalte Wasser über ihre schwitzenden Leiber spritzte. Die Begeisterung, vorgelebt auch vom Vater, sprang natürlich über. Der Fußballplatz wurde zur täglichen Spielwiese, ja zum Erweckungserlebnis. Denn ich war ein kräftiger Bub, schnell, wendig, bald wurde ich zum guten Spieler. Das gab Selbstvertrauen, machte mich zum Anführer, zu dem, der voranging, der ansagte, was zu tun war. Über den Fußball wird oft gelästert. Es mag auch sein, dass der heutige Kommerz und das Geschachere um die Spieler wie auf einem Sklavenmarkt absurde Züge angenommen haben. Doch aufs Leben bereitet dieser Sport gut vor. Einer allein ist wenig, im Team kann er alles sein, er wird gemeinschaftsfähig. Mit diesem Sport kann man sich in die Welt hineinleben. Wüsste die Welt nur, das besser zu nutzen.

Die Agnes kommt

Auch die Donaufähre war bis in die 1960er-Jahre ein wichtiges Verkehrsmittel. Für uns war sie Alltag und die ausgebaggerte Anlegestelle ein vielfacher Spielort. Dort gab es im Winter das erste Eis, dort blieb es am längsten. Dort ließ sich bequem fischen und im Sommer baden. Das Ufer war baumbewachsen. Es wuchsen Wasserlilien, Brombeeren, wilder Hopfen. Das Ufer bot Schatten. 200 Meter unterhalb der Fähre lernten Generationen von Schaldingern das Schwimmen. Auch die Städter zog es donauaufwärts zum Baden. Dank des Rudererverins gab es ausgebaute Zugänge und Treppen ins Wasser. Die Sportler lagerten nebenan im kastanienumwachsenen Hain nicht nur ihre Boote, sie veranstalteten auf dem Strom auch große internationale Regatten. Und im Sommer war es einfach ein Vergnügen, auf der großen Wiese ein Sonnen- und dann ein Flussbad zu nehmen.

Und wenn der Ruf erschallte: »Die Agnes Bernauer kommt«, so war dies das Signal für alle

Wasserratten, sich in die Donau zu stürzen, denn das nach der unglücklichen heimlichen Ehefrau von Herzog Albrecht III. von Bayern-München benannte Schiff erzeugte das, was das Meer ständig, die Donau aber nur dank der Schiffe zu bieten hatte: Wellen, besonders hohe Wellen, die uns nur so jauchzen ließen. Und natürlich galt es dann zu winken, hin zu den Flussreisenden, die wie weiland die Nibelungen gen Wien und Budapest zogen. Ab und an kamen große Schaufelraddampfer, letzte Zeugen einer untergegangenen k.-u.-k.-Welt, jedenfalls was ihre Namen betraf, jene von Kaisern und Kaiserinnen der österreichischen Habsburger.

Tempi passati, diesen Ausdruck müsste ich oft schreiben. Denn heute künden nur klägliche Treppenreste von der Ruderer- und Badevergangenheit. Die ausladenden Wiesen mit Rebhühnern und Fasanen, auch Wachteln gab es hier, sind verschwunden, bestenfalls die Bisamratten haben sich gehalten, neuerdings sind wieder Biber da. Sie fräsen sich in die Bäume, so denn noch welche vorhanden sind. Die Rudererhalle und der wilde Urwald rundherum, in dem wir wie Tarzan die imaginäre Machete schwingend gegen das Gestrüpp gekämpft haben, fielen Anfang der 1970er-Jahre der Umgehungsstraße zum Opfer. Immerhin hatte die Feuerwehr ihr Vergnügen, die zu Übungszwecken die Holzreste abfackeln durfte. Wir hatten dabei einen Logenplatz: Vom Küchenfenster aus schauten wir dem Spektakel zu. Als es damals gen Himmel qualmte, musste ich an die unvergleichlich kleineren Rauchwölkchen denken, die die Dampflokomotiven noch ausgestoßen haben in meiner Kindheit, als der Weinzierl-Opa Lokführer war und manchmal anhielt, um mich mitzunehmen auf dem schwarzen Ungetüm. Und auch die Gedanken an die US-Soldaten, die damals noch als Besatzungsmacht durch Deutschland fuhren und uns von Waggons aus, zu welcher Übung auch immer unterwegs, Schokolade und Kaugummis zuwarfen – ganz so, als wäre es noch die unmittelbare Nachkriegszeit und wir alle Hungerleider. Doch auch in den 60er-Jahren waren uns ihre Zuwürfe willkommen und die oft schwarzen Gesichter ein Wunder. Denn wir Weißhäutigen kannten die Schwarzen nur als

Mohren und nannten sie sogar noch Neger, was wir heute ganz und gar nicht mehr dürfen.

Und just an jenem alten Bahnhof, dessen Gebäude unter Denkmalschutz stehen, wohnen jetzt etliche Schwarzafrikaner, Flüchtlinge und Asylbewerber, viele davon, weil anerkannt, schon seit Jahren. Die Dörfler haben sie wie selbstverständlich aufgenommen, sie besuchen den Kindergarten, die Schule und die Christen unter ihnen sogar die Kirche, wo sie ab und an auf ihresgleichen hinter dem Altar treffen. Denn unsere Pfarrer werden immer weniger, Priester aus Uganda, dem Kongo oder sonst woher springen ein, eine wahre Weltkirche bahnt sich da an. Die Missionierten missionieren bald uns. Was, wenn auch ihnen der Glaube abhandenkommt?

Wenn's weiter nix is

In jenen »Guazl«-werfenden GIs begegneten dem Buben erstmals der Krieg, die Nachwirkungen des Krieges. Und weil Gedanken und Empfindung sich vererben, wenn jene erzählen, was sie erlebt haben, verweben sich beim Zuhörer Vergangenheit und Gegenwart. Bilder graben sich ein, verwachsen mit dem Fleisch, so als wären es die eigenen. Ein dunkelblondes Mädchen schaut dem Vater zu. »Schau hin«, sagt es zur älteren Schwester, »jetzt inhaliert er wieder.«

Er sitzt da, vornübergebeugt, unerkennbar unter dem weißen Laken. Ganz still. Nur leises Säuseln, Murmeln ist vernehmbar. Er tut Verbotenes, er hört Radio, Englisch hört er. Heilige Eide haben wir schwören müssen, es niemandem zu verraten, und Eide hielten wir. Er inhalierte eben. Dabei ist es unglaublich schwer, dieses Geheimnis nicht zu verraten. Elsbeth, das Mädchen von nebenan, und ihre Schwester Gudrun, die beiden Mädchen mit den weizenblonden, zu dicken Zöpfen gebundenen Haaren, sind die besten Freundinnen. Gerade ihnen dürfen wir nichts sagen. Der Vater schimpft auf den Nachbarn, der großen Fahne wegen. Elsbeth und Gudrun sind die Fahne und das Getue darum egal, auch wenn ihnen nun täglich angekündigt wird, dass es bald so weit sei und sie an der Bewegung mitwirken. Sie sind viel lieber mit uns draußen zwischen Bahndamm und Donau. Aber vielleicht würden sie dem Vater ja doch was sagen. Sie glaubt uns die Geschichte mit der Kamille im heißen Wasser, ja sie gibt sie sogar weiter, hat der Herr Weißenbach doch auch gerade fatalen Husten und Schnupfen. So wird es angefangen haben, meint das Mädchen Jahrzehnte später, als sie den eigenen Kindern davon erzählt. Die Geschichte geht weiter. Die Nachbarsgeschwister dürfen plötzlich nicht mehr zum Spielen kommen. Sie stehen mit traurigen Augen am Fenster, schauen uns zu, wie wir im Garten tollen.

Unser Vater will den großen Bruder zur Reichsbahn bringen, er soll dort eine Lehre machen. Der Vater glaubt als Oberlokführer über genügend Einfluss zu verfügen. Aber seine Beziehungen reichen nicht aus. Er bringt es nicht fertig, die zwei Worte am Schluss der Bewerbung hinzuzufügen, und sie wird abgelehnt. Wir wissen nicht, was die Mutter meint, als sie den Vater geradezu anfleht, ob er es denn lieber haben wolle, dass der, dem er salutieren sollte, den Buben an die Front hole. Da sagt mein Vater: »Schreib's du, ich kann ned.« Aber die Mutter kann es. Der Vater gibt die Bewerbung ein zweites Mal ab und kommt mit so viel Wut nach Hause, dass er erst einmal Holz hacken gehen muss. Der Vorgesetzte habe ihn angegrinst und gesagt: »Na, geht doch, warum denn nicht gleich, Höflichkeit ist ratsam heutzutage.«

Der andere Vater von nebenan trägt den Kopf immer höher und zieht das braune Gewand gar nicht mehr aus. Unser Vater inhaliert jetzt im Keller, unter der Treppe hat er sich einen Verschlag gebaut und gedämmt, fast auf den Kartoffeln sitzt er da. Er besorgt sich sogar eine Fahne, aber nur eine so kleine, dass wir kaum eine Puppe damit zudecken können. Das Unheil naht dennoch. In unmittelbarer Nähe zu unserem Haus ist ein Gefangenenlager eingerichtet worden. Einige Dutzend Kriegsgefangene, meist Russen, müssen entlang des rechten Donauufers Gleisarbeiten für die Reichsbahn verrichten. Die

Wiese vor unserem Haus dient ihnen als Rastfläche, obgleich sie zum Ausruhen wenig Gelegenheit bekommen. Anfangs fürchten wir die ausgemergelten Gestalten, aber bald siegt die Neugier, wir treten an den Zaun und begaffen die Männer. Sie werden plötzlich lebendig, blicken in unsere Richtung, doch ihre Aufmerksamkeit gilt nicht uns. Die Mutter ist aus dem Haus getreten, um mit Küchenabfällen die Hasen im Stall zu füttern. Die in Fetzen gekleideten Männer sind ganz nah am Zaun. Diese Augen, als unsere Mutter die Speisereste in die Holzhaferl leert, verlassen mich ein Lebtag lang nicht mehr.

So als würden die Blicke sie im Rücken treffen, dreht sich die Mutter um. Offene Münder, starrende Augen. Sie nimmt die Holzgefäße aus dem Stall, schüttet den Inhalt in die ausgestreckten Hände. Am nächsten Tag füttert sie die Tiere sehr früh am Morgen, noch ehe die Russen anmarschiert sind. Dann kocht sie Kartoffeln, schaut mich an, deutet mit dem Kopf nach draußen. Ich verstehe, nehme die mit Schalen zugedeckten Kartoffeln, fasse meinen ganzen Mut zusammen und trage sie zum Zaun zu den dort wartenden

Männern. Der Anflug eines Lächelns, das kurze Aufhellen der schmerzzerfurchten Mienen – oder wie drückt Dankbarkeit sich aus? In Blicken, die ins Mark dringen. Unvergesslich wird fortan dieser Augenblick sein. Wir verlieren jegliche Furcht und Scheu. Wir geben, was wir entbehren können.

Der Vater verbietet uns, durchs Gartentor zu gehen. Wir gehorchen freilich nicht. Es gilt, Freunde zu begutachten. Der Ernst der Sache ist uns nicht bewusst. Gerade als einige Gefangene Grimassen zu schneiden beginnen, stürzt ein furchtbar grober Kerl mit Gewehr auf uns zu. Der Bruder, der uns holen kommt, fängt sich eine Ohrfeige. Mit Fußtritten und üblen Beschimpfungen werden wir auf unser Grundstück befördert. Mein Vater, gerade vom Dienst heimgekommen, wird Zeuge des Vorfalls. Er stellt den Uniformierten zur Rede. Was ihm kleine Kinder getan hätten, dass er mit Fäusten und Füßen nach ihnen schlage und so flegelhaft schimpfe. Meine Mutter, zu der wir uns geflüchtet haben, wird kreidebleich. Der Aufseher aber wird verlegen, murmelt Unverständliches, meint schließlich, es ginge nicht an, dass die Kinder die Russen fütterten, während auch er hungere und es außerdem verboten sei. »Wenn's weiter nix is«, sagt der Vater und geht. Geht in die Küche und holt das für ihn bereitgestellte Essen, reicht es dem Mann. Der langt kräftig zu. Die nächsten Tage duldet er es, wenn wir zu den Russen gehen.

Die Gefahr kommt von der anderen Seite des Zauns. Der Weißenbach wartet nur darauf, seinen Parteisinn unter Beweis zu stellen. Die Versorgungsaktion vor unserem Haus ist ihm nicht verborgen geblieben. Er schimpft den Vater, wie er das »russische Ungeziefer« füttern könne. Er könne das nicht dulden, wo er seit zehn Jahren bei der Partei sei. »Bei der Partei bin ich auch, schon seit 20 Jahren, aber bei der richtigen«, so mein Vater darauf. Am nächsten Tag ist er verschwunden. Nein, nicht abgeholt, aber weg aus dem Gefahrenbereich. Seine Beziehungen bei der Reichsbahn tragen doch. Er wird versetzt, donauaufwärts.

Meine Mutter hat das erlebt und erzählt. Damals überschlugen sich die Ereignisse, der Vater war bald wieder da, der Nachbar aber weg. Nun war er in einem Lager, donauaufwärts in Natternberg, bei der Entnazifizierung. Die Mutter freute sich zeitlebens darüber, dass bald einige Russen in Begleitung zweier amerikanischer Soldaten gekommen waren. Sie hatten die letzten Kriegstage bei Bauern überlebt und wollten auf jene Menschen zeigen, die ihr Brot eine Zeit lang mit ihnen geteilt hatten. Der Vater winkte damals ab, ging in den Keller, holte Most. Schade, dass dieser Mann so früh starb – bevor wir selbst neugierig waren auf diese Geschichten, bevor wir wissen wollten, was er in jener dunklen Zeit gedacht und getan hatte.

Dem Hitler sein Haus

Doch halt, er hat ja erzählt davon. So wie andere Märchen erzählen, hat er erzählt davon, und wir haben geglaubt, es sind Märchen. Doch waren es welche? Warum nur lagern Geschichten vom Krieg so tief im Gedächtnis? Er hat dem Hitler seine Villa gebaut, fast, hat er immer ergänzt, das hat er doch erzählt. Wie er dem großen Gefreiten schon mal davongelaufen ist. Mit 13 war er mit der Schule fertig. Sieben Klassen, das musste damals reichen. Mit 13, etwa so alt, wie ich gewesen bin, als er mir von seiner Jugend erzählte. Mit 13 also ist er zu einem Metzger in die Lehre, freilich nicht lange, aber immerhin scheint das Gelernte gereicht zu haben, um bis ins Alter selbst Wurst zu machen aus den beiden Schweinen, die er und seine Frau sich übers Jahr hielten. Als ich ins Gymnasium kam, musste ich bei meinem Fußweg vom Hauptbahnhof zur draußen zwischen Schlachthof und Krankenhaus gelegenen Schule des Öfteren beim Schreibwarengeschäft Waldbauer in der Passauer Bahnhofsstraße vorbeischauen und Naturdarm kaufen. Ja, das gab's da tatsächlich neben all den Heften, Stiften, Tinten, Stempeln und Büromaterialien – dass Schreiben und Schlachten so nahe beieinanderliegen! Und diese Därme wurden dann prall gefüllt mit Blut- und Leberwurst. Das Wursten war jedes Mal ein Fest, da war die ganze Familie mit eingebunden, auch wir Enkelbuben, die mit Rühren oder Fleischwolfdrehen beschäftigt wurden.

Aber zurück zum Opa. Tiere schlachten war nicht sein Ding, jedenfalls nicht in diesem Ausmaß, wie ein Metzger es halt tagein, tagaus zu tun hat. Er wechselte zum Schuster. Doch das war's auch nicht. Maurer wollte er werden wie sein Vater, und dieser verhalf ihm auch dazu. Mauern, Zimmern, Treppenbauen, all das lernte er, und wie. Und als wir ihn dann gefragt haben, warum er Eisenbahner geworden ist, kam der Hitler ins Spiel. Der Opa war ein so guter Maurer geworden, dass man ihn 1933 zu einer Maurertruppe auf den Obersalzberg abgerufen hat. Schwerstarbeit hat er dort leisten müssen, aber gut bezahlt hat man ihn. Ob er den »Führer« gesehen habe. Das verneinte er. Denn als er vor Ort erst erfuhr, wer der Bauherr war, hat er schnell das Weite gesucht. Er, der schon so früh Sozialdemokrat geworden war, wollte nicht dem Oberbraunen das Haus bauen. Sein Schwager war Lokführer bei der Reichsbahn und hat gesagt, Schlosser könnte man dort brauchen. So wurde der Maurer zum Schlosser und der Schlosser bald zum Lokheizer. Und irgendwann durfte er dann die Lok selbst fahren, zuerst beim Rangieren am Güterbahnhof und dann richtig. Der Traum eines jeden Buben, der Weinzierl-Opa hat ihn verwirklicht.

Die Geschichte vom Luis Trenker

Ich habe mich immer gefragt, warum nur dieser Mann mit jedem Werkzeug umgehen kann. Ja, er hat nicht wenig gelernt. Wer viel wagt, gewinnt, heißt es, manchmal aber verliert er auch. An der rechten Hand fehlte ihm der halbe Mittelfinger. Wie er ihn verlor, das hat er uns immer wieder anders erzählt. Die spannendste Version führt zurück in die Zeit des Ersten Weltkriegs. 1916 war er auf der Walz. Lange habe ich nicht gewusst, was die Walz ist. Ich habe zuerst an eine Maschine geglaubt, dann an den Tanz, dann sprach er von der »Ster« und schließlich davon, dass er arbeitend durchs Land gezogen ist.

Und dann hat man ihn direkt von einem Bauernhof in Ingolstadt weg in eine Uniform gesteckt, noch keine 17 Jahre war er alt. Was im Opa für Worte drinsteckten. Plötzlich brachen sie heraus. Vom Stilfser Joch redete er, vom Gardasee, vom Kreuzbergsattel bei Sexten, von den Kämmen der Karnischen und Julischen Alpen. Und ab in die Dolomiten sei es gegangen. Und da –

wo, das wusste er angeblich nicht mehr – hat ihn eine Lawine erwischt und mitgenommen und verschüttet. Panische Angst hat er gehabt, bald tot sich geglaubt, und dann habe man ihn rausgezogen. Nur der Finger war halb abgerissen und nicht mehr zu retten. Er wusste nur noch einen Namen. Trenker. Der Trenker, der Luis Trenker, fragten wir, denn der Anfang der 70er schon graue Herr mit dem komischen Dialekt, der war damals nicht selten im Fernsehen. Genau der, hat mein Opa gesagt.

Der Trenker war ein Bergführer, ein wilder Hund, das wusste er noch. Der Luis Trenker hat ihm den Fingerstumpen verbunden und gesagt: »Schickt's den Buam hoam.« Den Film »Berge in Flammen« (1931) hat er immer erwähnt und dann gesagt: «Den Flammen bin ich entkommen.« Eine wahre Geschichte oder doch bloß eine gute, nun, ich habe sie mir bewahrt und nachgelesen, wo der 1892 geborene Südtiroler Luis Trenker als Offizier im Ersten Weltkrieg überall war. Möglich wär's gewesen, dass er dem Opa begegnet ist und ihm geholfen hat.

Für den Opa jedenfalls war der Krieg schnell aus. In die Alpen wollte er später nimmer, wegen dem Hitler und wegen der Lawine. Aber nach Zipf, da ist er gerne hin. Im oberösterreichischen Zipf, da haben ihn damals seine Eltern abgeholt nach der Verschüttung. Immer wenn die Ortsvereine einen Ausflug nach Österreich planten, fuhr er mit, aber immer nur zur ersten Station, dem Brauereigasthof Zipf. Egal, ob Feuerwehr, Kirchenchor oder Sparverein, ein ausgiebiges Frühstück oder schon ein Mittagessen im Brauereigasthof Zipf war Pflicht, wenn's ging draußen unter den Kastanien. Und wir Buben hatten nur die alte Kegelbahn im Sinn, wo wir die Kugeln über die Holzdielen rollten und die uralten hölzernen Kegel selbst wieder aufstellten. Und der Almdudler natürlich – die Limo, die es daheim nicht gab –, der musste immer sein. Der Opa blieb immer sitzen, ließ sich am Abend wieder abholen, gut gelaunt und leicht bierselig. Und nicht selten hat er dann ein Lied angestimmt, das keiner verstand. Denn der Krieg ist ihm damals noch mal begegnet, daheim in Gestalt eines französischen Kriegsgefangenen, der dem 17-Jährigen ein Lied lernte, das er uns immer vorsang, so oft, dass ich den Wortlaut bis heute kann. Nur, es war ein ziemlich wüstes Französisch, und der Opa hat es gelernt, wie er es gehört hatte.

Wenn nur die Hälfte von den Wörtern stimmt, die ich mit dem Wörterbuch und meinem Schulfranzösisch später finden konnte, dann war es ein ziemlich schweinisches Lied. Der Opa hat das nicht gewusst, sonst hätte er es nie und nimmer mit solcher Inbrunst und schon gar nicht Kindern vorgesungen.

Mein Großvater hat wenig Bücher gehabt. Eines aber, das er mir hinterlassen hat, war eine Erstausgabe von Heinrich Harrers »Sieben Jahre in Tibet«. Vielleicht hat er es sich gekauft, weil der Harrer ein österreichischer Bergsteiger war, einer wie der Trenker. Ob er es sich aber auch gekauft hätte, wenn er von der Verstrickung Harrers in das Dritte Reich gewusst hätte? Ich jedenfalls habe das Buch wie jedes zu jener Zeit verschlungen und gleich dreimal gelesen. Im Jahr 2000 sollte ich den hochbetagten Autor treffen und interviewen. Was hat er sich gefreut, als ich ihm die alte Ausgabe seines Buches zum Signieren vorlegte. Er

hat mir einen langen Satz in Tibetisch hineinge-
malt und mir geduldig Frage um Frage beantwor-
tet. Dass ich seinem Freund seit jener Zeit, dem
Dalai Lama, auch noch begegnen durfte, zeigt,
wie klein die Welt heute ist. Er war Gast meiner
Verleger, stand da in seinem rot-gelben Gewand
und beugte grüßend sein kahles Haupt zu allen,
die ihm begegneten. Und beim Zusammentreffen
an jenem stillen Örtchen, wo auch seine Heilig-
keit hingehen muss, nickte er mir zähneputzend
am Waschbecken stehend lachend zu.

Kriegsonkel Karl

Ende der 1960er-, Anfang der 1970er-Jahre habe ich den Großteil meiner Ferien bei meiner Tante Rosi und ihrem Mann Karl in Deggendorf verbracht. Ihre beiden Söhne waren schon ausgeflogen, ich war als Schwesterkind herzlich willkommen und sog begierig jene Geschichten auf, die mir der Onkel Karl erzählte. Was ich damals nicht wusste: Den eigenen Söhnen hat er nie vom Krieg erzählt, mir aber berichtete er immer wieder davon. Er hat mir auch zwei Fotos gezeigt, sein Hochzeitsfoto und eines mit der Frau und dem kleinen Sohn, der geboren wurde, als Karl schon an der Front war. Die Bilder haben ein Leben gerettet und viele Leben ermöglicht. Karl Mayer hat es in seiner Uniform durch den Zweiten Weltkrieg getragen und mit in seine Kriegsgefangenschaft in den sibirischen Weiten. Immer, wenn er es vorgezeigt hat, zauberte es den Bewachern ein Lächeln hervor, machte es die Geberhand locker, gab es Sonderrationen an Suppe oder Zigaretten, die er dann gleich wieder für Brot tauschen konnte. Dieses Foto sperrte ihm die Herzen auf, die Herzen der Bewacher, die auch Frau und Kinder hatten. Sie gaben ein zusätzliches Stück Brot, sie ließen ihn den Getreidespeicher kehren, wobei immer ein paar Körner in die Tasche wandern konnten. Das Bild der Mutter mit dem Kind rührte an die Barmherzigkeit. Mein Onkel hat noch lange später kein schlechtes Wort über die russischen Menschen dulden wollen. Seine Frau, heute hoch in den Neunzigern, hält es damit immer noch. Sie waren ihm gegenüber menschlich, barmherzig.

Und das Foto hat ihm die Rückkehr ermöglicht, 1950 als später Heimkehrer aus russischer Kriegsgefangenschaft. Und da konnte er den erstgeborenen Sohn zum ersten Mal in die Arme schließen, der da schon fast fünf Jahre alt war, und dann ein weiteres Leben zeugen.

Das Foto weist nach Schalding zurück. Ein schmuckes Hochzeitspaar steht im elterlichen Garten in Schalding r. d. D. Es ist gerade aus der Heininger Pfarrkirche gekommen. Der Bräutigam trägt seine Feldwebeluniform. Er ist zu dieser Zeit im Lazarett in Passau, steht kurz vor seiner

Entlassung und der Rückkehr an die Ostfront. In Passau hat Rosa den aus Obergodrisch bei Marienbad stammenden Soldaten der deutschen Wehrmacht kennengelernt. Wurst hat er bei dem Lehrmädchen in einer Metzgerei gekauft. Er hat sich in sie verschaut, die Rosa ins Kino eingeladen und ihr gleich einen Antrag gestellt. Bald nach jener Hochzeitsidylle heißt es für Karl in den grausamen Kriegsalltag zurückzukehren.

In all der Zeit kommt zunächst nur eine einzige Feldpostkarte aus Stalingrad, kaum leserlich, aber dennoch ein Lebenszeichen von Karl. Später erst, lange nach seiner Heimkehr, wird er mir erzählen, wie er das Kriegsende erlebt hat.

Er wird – tot geglaubt – in der Nähe Stalingrads auf einen Berg Leichen geworfen. Dort liegt er drei Tage bewusstlos, bis einem Zugführer, der den Auftrag hat, die Gefallenen zu begraben, auffällt, dass er noch atmet. Er zieht Karl Mayer unter dem Leichenberg hervor. Er kommt in ein Lazarett, überlebt die schwere Verwundung und marschiert in die Gefangenschaft.

Zum wenigen Hab und Gut zählt sein Hochzeitsfoto. Auf all den Karten und Briefen, die dann nach Passau kommen, schreibt er von der Hoffnung, beim nächsten Transport dabei zu sein. Der kleine Karl steht indes oft sehnsüchtig bei den Großeltern am Bahnhof, nach dem Zug Ausschau haltend, der ihm endlich den Vater bringen sollte. Ja, er betet mit der Mutter die Wallfahrtsstiege in Passau-Mariahilf hoch, damit der liebe Gott den Papa heimschickt. Aber er muss lange warten. Doch plötzlich kommt Post aus einem Heimkehrerlager in Moschenburg. Am 1. Januar 1950 fährt der Karl um 9 Uhr in Schalding mit dem Zug ein. Alle sind am Bahnhof. Es ist ein Hallo und eine Freude, das kann man gar nicht beschreiben. Kaum einer kann was sagen und alle müssen vor Freude weinen.

Überleben im Bunker

Das Jahrhundert der Vaterlosigkeit hat es gut mit mir und den Meinigen gemeint. Die Großväter überlebten die Kriege, der Vater war zu jung, um den Waffenrock anzuziehen. Aber sie erlebten – und sie sprachen vom Erlebten. Je mehr ich darüber nachdenke, umso mehr brechen Kriegsgeschichten aus mir raus. War ich wirklich so nah dran an diesem Geschehen? Eigentlich schon. Was sind schon 15 Jahre, und was noch mal 15 Jahre – dann wäre ich etwa in dem Alter gewesen wie der Meier Hans, Cousin meiner Mutter und mir ein lieber Onkel in Kindertagen und später ein guter väterlicher Freund.

»Mei, dass ich da heut' sitzen kann, ist schon ein Wunder.« Hans lehnt sich zurück in die Bank in seinem Wohnzimmer. Der fast 88-Jährige wohnt nach einem ereignisreichen Leben heute in Wolfratshausen direkt an der Isar, erfreut sich mit seiner Frau Jutta der Kinder, Enkel und Urenkel.

In Schalding, im Juli 1944, wird der 15-jährige Hans als Luftwaffenhelfer eingezogen. Hitler greift nicht nur auf die über 60-Jährigen zurück, die er in den »Volkssturm« beordert. Für das letzte Aufgebot müssen auch die jungen, kaum der kurzen Hose entwachsenen 15- und 16-Jährigen herhalten. Hans wird unweit des Kachlet-Stauwerks zur Fliegerabwehr, zur »Flak«, kommandiert. Nur drei Kilometer von seinem Elternhaus entfernt beziehen er und 40 andere Jugendliche Quartier im Saal des Auerbacher Gasthauses Heininger.

Von hier aus wird jeden Tag rausmarschiert auf den Acker, in die Stellung. Vorerst wird an der Flugabwehrkanone nur geübt. Deutsche Flugzeuge ziehen das Ziel hinter sich her, das es zu treffen gilt. »Es war ein straffes Programm, militärische Ausbildung von früh bis spät, Schanzen, Stellungsbau, Schießen, es gab kaum eine freie Stunde.«

Plötzlich heißt es, die Burschen sollen nach Wien transportiert werden, um dort den Russen einen heißen Empfang zu bereiten. Hans erinnert sich: »Hauptmann von Strachnitz machte deutlich: ›Das kommt nicht infrage, Kinder nehme ich nicht mit an die Front.‹« Hans und etliche andere dürfen dableiben, werden sogar »vorerst« wieder nach Hause geschickt.

»Aber uns war klar, lange konnte das nicht gut gehen, der Krieg war verloren.« Im Herbst 1944 bauen Hans und zwei Kameraden im Schaldinger Wald, einem Ausläufer des Neuburger Waldes, sich Stück um Stück einen Erdbunker. Sie decken ihn ab, streuen Erde darüber, setzen Grasballen darauf.

Während sie täglich auf den Gestellungsbefehl warten, bringen sie Vorräte in das Buchendickicht am Bruckbach. Im Januar ist es so weit, Hans und seine Freunde sollen die Uniform anziehen. Er aber zieht zusammen mit Hermann Gründinger und Jakob Geier in den Wald. Sie verstecken sich tagsüber im Bunker, trauen sich nur nachts heraus, gehen gelegentlich auch noch nach Hause. Von Februar bis Mai wird der Bunker ihr Heim. Er ist 2,20 Meter tief, zwei mal drei Meter groß. Der Boden ist mit Brettern ausgelegt, darunter befindet sich noch ein Loch für die Vorräte. Den Einschlupf tarnen sie mit aufgeklebten Blättern. Sogar einen Ofen haben sie. Das Rohr führen sie mehrere Meter weit weg vom Bunker, sodass der Rauch sie nicht verraten kann. Anfangs organisieren sie sich Nahrungsmittel bei den Bauern, dann wird der etwas jüngere, nicht wehrpflichtige Hans Hösl – er sollte 1960 Bürgermeister der Gemeinde Heining und 1984 Oberbürgermeister (OB) der Stadt Passau werden – zum Verbindungsmann zur Außenwelt. »Es war ein Überlebenskampf und ein Abenteuer zugleich. Wir hatten furchtbare Angst, geschnappt, erschossen oder gar von den Amis oder Russen deportiert zu werden.«

Der Monat April neigt sich seinem Ende zu. Von Hans Hösl wissen die drei Bunkerbewohner, dass die Amis bald donauabwärts und die Russen donauaufwärts aus dem Österreichischen kommen sollen und die Stadt Passau sich auf ihren »Endkampf« vorbereiten soll. Wie in so vielen anderen Städten wollen die Stadtoberen und die verbliebenen Verteidiger lieber den »Verbrannte Erde«-Befehl Hitlers ausführen als kapitulieren.

Es sollte ein Dichter sein, der seinen ganzen Einfluss damals in die Waagschale warf, um die Vernichtung der Barockstadt zu verhindern. Hans Carossa, Freund Alfred Kubins und anderer Künstler, zieht mutig gegen den Hitlerbefehl in die Stadt und kann dort die maßgeblichen Kräfte zur Aufgabe bewegen. Da ist der während des

Kriegs verstummte Literat, der sich in die innere Emigration zurückgezogen und resigniert hatte, aufgewacht und hat sich vor die Bürger gestellt.

Die drei Jugendlichen indes waschen sich gerade am Bach, als ein deutscher Feldwebel der Luftwaffe sie entdeckt. Er hat eine Pistole in der Hand und steht fast auf ihrem Bunker, den er nicht erkennt. Er meint es gut mit ihnen. »Seids vorsichtig, die Amerikaner sind schon unterwegs, patrouillieren schon.« Er habe Rauch gesehen und wollte warnen. »Während der Feldwebel mit meinen beiden Freunden sprach, hatte ich die Schaufel in der Hand, war bereit zuzuschlagen, wenn er zur Waffe greifen sollte,« erinnert sich Hans. Er habe hinterher oft Albträume gehabt und sich gefragt: »Hättest du weiterleben können, wenn du einen Menschen erschlagen hättest?« Es bleibt ihm erspart, der Soldat sucht selbst das Weite.

Am 3. Mai 1945 kommt Hans Hösl: »Ihr könnts heimgehn, der Krieg ist aus.« Sie tun es, entdecken die Einschusslöcher an manchen Häusern. Im Ort schon begegnen sie US-Soldaten. Sie werden gefilzt. »Ich habe mir gleich eine Watschn eingefangen, von dem ersten Schwarzen, den ich bis dahin je zu Gesicht bekommen hatte.« Der Soldat hatte ein Messer bei ihm entdeckt. Die Soldaten nehmen sie mit. Erst nach drei Tagen bekommen sie einen Entlassungsschein. Hans geht heim zur Mutter, die ihm einen Milchbrei kocht und erzählt, dass drei aus seiner Schulklasse im Endkampf um Berlin gefallen sind. Es sind Erlebnisse der Elterngeneration, die damals Kinder oder Jugendliche waren. Wer hat sich eigentlich um ihre Psyche gekümmert, wer hat erkannt, dass auch ihre Kriegserlebnisse sich tief in die Seele eingebrannt haben?

Erfahrung Auschwitz

15 Jahre nach dem Krieg geboren, kommt man diesem wohl nicht aus. Was sind auch schon 15 Jahre. Den Eltern und Großeltern steckt er so in Knochen und Gemüt, dass sie nicht drüber reden wollen, vorerst zumindest nicht. Wenn jemand sich auseinandersetzen kann damit, fragen, nachhaken kann, dann meine Generation, denen der Name Hitler früh begegnete, die lange damit aber nichts anfangen konnten, die die Tiefflieger nachts zu hören glaubten, wenn es donnerte und der Großvater doch wieder anfing, von Bunkern, Flak oder Bomben zu erzählen. Und ein Leben lang begleiten einen diese Geschichten, denen man das Diffuse, das Halbwissen, das Dazugedichtete nehmen will.

»Jede Form von Erinnerung ist eine Konstruktion, jede Beschwörung eines einzelnen Erlebnisses. Man übersetzt schon und verfälscht in gewisser Weise auch, wenn man nur eine Wahrnehmung mit einem Satz einzukreisen versucht, der doch den wohlgeordneten Regeln der Syntax unterliegt und daher

weder die Gleichzeitigkeit der Sinneseindrücke noch die Irrwege der Empfindungen wirklich einzufangen imstande ist ...« (Aus: Italo Svevo, Zeno Cosini; Roman, Rowohlt Verlag).

Die theoretische Beschäftigung mit dem Thema ist das eine, die konkrete Konfrontation mit der Geschichte das andere. In Auschwitz, nach der Vorführung des Films, den die sowjetischen Befreier des Vernichtungslagers im Januar 1945 gedreht haben, stehe ich vor dem Lagertor. »Arbeit macht frei« ist da weithin sichtbar zu lesen. Diesen Gipfel des Zynismus stellten die Nationalsozialisten über dem Eingangstor zum Stammlager Auschwitz zur Schau. Wegen der günstigen Verkehrsanbindung – Oswiecim war ein wichtiger Eisenbahnknotenpunkt – entschlossen sich die Nazis 1940, hier ein »Konzentrationslager« zu errichten. 20 verlassene polnische Kasernengelände wurden umfunktioniert und ausgebaut.

Über 400.000 weibliche und männliche Häftlinge verschiedener Nationalität durchschritten das Lagertor. Nur wenige verließen es lebend. Mit schwerster und oft sinnloser Arbeit wurden hier

Zigtausende von Menschen getötet. Zwei dieser »Quälmaschinen« stehen noch vor einer Baracke. Das Wissen um diese Fakten erdrückt dich fast, wenn du vor den Überresten stehst. Das Lager wuchs schnell. Bis zu 16.000 Häftlinge wurden hier gefangen gehalten und zu Tode gefoltert. Für Tote wurde schnell Ersatz geschaffen. Dieser war notwendig, um die vierzig Außenlager und das Lager Monowitz auf dem Fabrikgelände der IG-Farbenwerke mit Arbeitskräften zu versorgen.

Der Rundgang durch das ehemalige Stammlager wird zur Begegnung mit den materiellen Zeugnissen des Verbrechens. Die Geschichte des Konzentrationslagers und des drei Kilometer entfernt liegenden Vernichtungslagers Birkenau wird in einer Ausstellung dokumentiert. In Block Nr. 4 erzählen grau gewordene Haare hinter Glas von der Ermordung der Juden und deren »Wiederverwertung« über den Tod hinaus. 7000 Kilo Haare fanden die Befreier hier, darin die Spuren von Cyanwasserstoff, einem spezifisch giftigen Bestandteil des Gases Zyklon B, das bei der Vergasung verwendet wurde. Wie viele Menschen braucht man für diese Berge von Haaren? Diese Frage steht im Raum.

Für mich wird klar, dass ich immer wieder den Ewiggestrigen, den Nationalisten neuer Generationen, die nichts unversucht lassen, um die Wahrheit von Auschwitz als Lüge erscheinen zu lassen, entgegentreten werde. Die Begegnung mit dem Opfer als Individuum geht weiter. Prothesen, Brillen, Kleidung, Schuhe, Rasierpinsel und Bürsten sind stumme Überbleibsel namenloser Opfer. Berge von Koffern verraten dann doch Namen. Die Weiß, Stern, David kamen aus Wien, Amsterdam, Budapest, Prag oder Hamburg. Menschliche Einzelschicksale werden konkret. Ein Verstehensprozess setzt ein. Die Beschäftigung mit einem Fragment, mit einem Ausschnitt, der für das Ganze steht, ist ein Zugang zu dem Unbegreiflichen. Die große Zahl der hier ermordeten Menschen ist unzugänglich, der Lebensweg eines Menschen, vielleicht aus der Heimatstadt, der in Auschwitz endete, ist ein Zugang.

Tief in Gedanken versunken gehe ich zum »Todesblock«. Tausende von Häftlingen wurden hier an einer schwarzen Wand erschossen, ein »gnädiger« Tod, wenn man an die Todesarten im Block denkt. Die Zelle Nummer 18 war eine Hungerzelle. Hier wurde getötet, indem man die Insassen verhungern ließ. Der polnische Ordensgeistliche Pater Maksymilian Kolbe (1894–1941) starb hier. In Zelle Nummer 20 führte Luftmangel zum Erstickungstod. Nur mühsam kann ein erwachsener Mensch in einer der vier Strafbunker kriechen. Auf einer Fläche von 90 mal 90 Zentimetern mussten hier bis zu vier Menschen Strafe abstehen. Die Lebensweise – welch ein Hohn ist dieser Begriff – wird bis ins kleinste Detail dokumentiert. Kojen sind aufgebaut, die sanitären Anlagen, hier spielte sich das Leben und Sterben ab. Zynische Aufforderungen zur Reinlichkeit sind zu lesen. Zeichnungen an den Wänden sprechen der Realität Hohn: Liebliche Knäblein pinkeln in verzierte Töpfe. Entlang der Wand eines langen Gangs wird mit Fotografien dokumentiert, wer hier gelebt hat und gestorben ist. Die Häftlinge wurden bei der Ankunft fotografiert, erhielten am Arm eine Nummer eintätowiert und wurden zu einer Karteikarte. Deutsche Gründlichkeit. Einige Tausend dieser Zeugnisse blieben erhalten.

Unter den Bildern stehen Eingangs- und Todesdatum. Wenige Wochen oder einige Monate sind es bei fast allen. Die Gesichter der meist noch jungen Häftlinge sind bereits gezeichnet, wirken wie die von Greisen. Klar, dass Neonazis den Gang hierher scheuen wie der Teufel das Weihwasser.

Allen, die mir fürderhin vorwerfen, immer nur vom Nationalsozialismus zu schreiben, werde ich diese Bilder vorhalten und ihnen empfehlen, sie sich anzuschauen und auszuhalten.

Auf dem Gelände des Stammlagers, etwa 300 Meter entfernt von der Villa des Lagerkommandanten Rudolf Höß, befinden sich auch ein Krematorium und eine Gaskammer. Das Gebäude wurde nach dem Krieg aus Trümmern rekonstruiert. 350 Leichen konnten hier tagtäglich verbrannt werden.

Als ich Jahre später in München der Künstlerin und Autorin Roma Ligocka begegne, sie interviewe und ihr Leben porträtiere, muss ich zurückdenken an diesen Ort. Roma war das Vorbild für das Mädchen im roten Mantel, das Steven Spielberg in seinem grandiosen Filmepos »Schindlers Liste« so eindringlich auftreten ließ. Die Cousine

Roman Polanskis ist eine Überlebende des Grauens, das sich in Auschwitz und anderswo abgespielt hat.

Der Schriftverkehr zwischen der Firma Topf und Söhne aus Erfurt und der Lagerleitung ist dokumentiert. Auf den Verbrennungsöfen ist heute noch der Firmenname zu lesen. Neben dem Krematorium steht auch der Galgen, an dem 1947 Rudolf Höß hingerichtet wurde.

Wer es zulässt, den katapultieren die Dokumente zurück. Fotos, Sterbebücher, Leichenhallenberichte, Protokolle, Unterlagen, die von den Hals über Kopf fliehenden Nazis nicht mehr vernichtet werden konnten. Von einem Tonband ist die Musik zu hören, die das Lagerorchester spielen musste, wenn die Häftlinge des Stammlagers zur Arbeit auszogen. Das drückt den Zuhörer und Betrachter tief in den Sessel.

Bleiben wird auch die Begegnung mit Adam Jurkiewicz und Stanislaw Cienciata. Sie zählten zu den frühen Häftlingen des Stammlagers und zu den wenigen, die monatelang überlebten und freikamen. Der eine arbeitete im Pferdestall, der andere in der Gärtnerei. Das garantierte zusätzliche

Nahrung. Gefängnis, Kaserne, große Betriebe und Folterkammer, so umschreibt Stanislaw die vier Elemente des Konzentrationslagers. Das Lagerleben war so organisiert, dass durch jede Arbeit dem Häftling Leid geschah. »Beliebt war das Pfählen, eine Art Kreuzigung. Mir wurden mit eisernen Ketten die Hände hinter dem Rücken gebunden. Dann wurde ich an einen Pfahl gehängt, sodass die Fußspitzen nur leicht den Boden berührten.« Nur Solidarität und Mitmenschlichkeit von Mithäftlingen half, das Pfählen zu überleben. Denn nach der Bestrafung waren die Hände lange nicht zu gebrauchen. Spurte man bei Arbeiten nicht, drohte der Knüppel der Aufseher, der viele Häftlinge das Leben kostete.

Ich denke an meinen Großvater, den die Nazis aus seinem ungarischen Dorf heraus in eine Uniform steckten und nach Großrosen schickten, wo er auch den Bewacher spielen musste. Musste er auch solch unmenschliche Methoden anwenden? Mich tröstet, dass er erst sehr spät dorthin kam, die Russen schon vor dem Lager standen und ein Dokument eines russischen Befreiers ihm dann auch freies Geleit durch das kriegsverwüstete

Land gewährte. Doch weiß ich es? Nie hat er erzählt davon.

Ich fragte den polnischen Zeitzeugen, wie man denn überhaupt überleben konnte. »Man musste Patriot sein, alle körperlichen und geistigen Kräfte mobilisieren, langsam und gut kauen – was für Schweine gut ist, kann auch der Mensch essen – wach sein wie ein Tier, den unbedingten Willen zum Durchhalten und viel, viel Glück haben.« Auch seine Deutschkenntnisse hätten ihm geholfen und ja, es habe auch gute Menschen unter den Bewachern gegeben. Beim Gang hinaus in das Vernichtungslager Birkenau drehe und wende ich den Satz: Es hat auch gute Menschen gegeben.

Am »Todestor« münden die Gleise von draußen direkt ins Lager. Erst am Horizont enden sie im Lagerinneren. Die Ausladerampe war Endstation für Juden aus ganz Europa. Riesige Dimensionen hat das Lager. Auf 175 Hektar standen hier einst über 300 Baracken, 45 gemauerte und 22 hölzerne Gebäude sind erhalten. Von den nicht erhaltenen stehen meist noch die Kamine. Hier wird sichtbar, mit welchem Ausmaß und mit welch ausgeklügelter Architektur die Deutschen an die »Endlösung der Judenfrage« gingen.

Was wäre, wenn die damals effektivste Vernichtungsindustrie nicht durch die Befreier gestoppt worden wäre? Würde sie heute noch arbeiten? Auschwitz symbolisiert die ungeheure Tötungskapazität des damaligen Terrorsystems. Es zeigt, wie weit der Mensch zu gehen vermag.

Links und rechts der Ausladerampe erstrecken sich die Baracken. Einige sind im Originalzustand zu besichtigen. Dreistöckige Kojen stehen da, auf jeder lagen acht Personen. Kritzeleien und Skizzen an den Wänden künden von den Sehnsüchten der todgeweihten Menschen. »Eine Laus, dein Tod« ist zu lesen. Bei der Desinfektion mussten sich die circa 1000 Häftlinge eines jeden Blocks nackt ausziehen, bei jeder Witterung draußen oft stundenlang stehen, während das Innere der Baracke desinfiziert wurde. Was ein Hinweis auf Hygiene sein sollte, wurde in den Gaskammern zum Wegweiser in den Tod.

Ich habe in Israel, in Polen, in München oder in Berlin Überlebende von Auschwitz, auch von anderen Lagern, kennengelernt, mit ihnen gesprochen.

Auf meine Frage, wie er Jahrzehnte später damit umgehe, bekam ich vom aus Bratislava stammenden Moshe Steiner die Antwort: »Es ist nicht zu fassen, es ist nicht zu verstehen und schon gar nicht zu bewältigen. Nie.«

Steiner hat mich in Jerusalem mit dem Eichmann-Jäger Zvi Aharoni und zwei Mossad-Mitarbeitern bekannt gemacht, die bei der Ergreifung von Adolf Eichmann 1960 in Argentinien dabei waren. Wir haben auch über Passau gesprochen. Adolf Eichmann, Organisator der »Endlösung der Judenfrage«, hatte im Passauer Standesamt geheiratet. Die kirchliche Trauung fand in der evangelischen St.-Matthäus-Kirche statt. Im Heiliggeist-Wirtshaus haben sich die Nazis getroffen, Eichmann gab das bei seinen Verhören in Israel auch zu Protokoll. In Bayern erhielt der in Solingen geborene, aber in Linz aufgewachsene Eichmann seine SS-Ausbildung und in Passau bereitete er den »Anschluss« Österreichs vor. 1932 hatte ihn sein Freund Ernst Kaltenbrunner, der spätere Chef des Reichssicherheitshauptamtes, für die NSDAP und die SS rekrutiert. Dank des Motorrads, das ihm Vacuum Oil zur Verfügung gestellt hatte, war er mobil, und seine Kameraden, denen er im Braunen Haus in Linz Bier und Brotzeit spendierte, ernannten ihn zum »Führer des Motorsturms der Standarte«. Im Juni 1933 verbot die österreichische Regierung alle Nazi-Aktivitäten. Eichmann wurde gekündigt – »ein freundlicher Abschied«, schreibt der Eichmann-Biograf David Cesarani. Die Firma zahlte noch fünf Monatsgehälter. Eichmann machte Karriere, landete beim »Verbindungsstab« der Reichsführer SS in Passau und im SD-Hauptamt. Dort baute er die Abteilung »Juden« auf. Ich muss daran denken, als ich vor den Resten des »Weißen Hauses« stehe, einem verlassenen Gehöft, in dem die erste Vergasungsanlage in Birkenau installiert wurde. Junge Polen haben die Grundmauern freigelegt, dabei Berge von Brillen, Metallgegenständen und Menschenknochen gefunden. Der Boden hier schreit. Auf der Wiese wurden in riesigen Gräben die Körper vergaster Juden verbrannt, da die Krematorien die große Zahl der nach Auschwitz deportierten und ermordeten Juden nicht mehr fassen konnten. In einen nicht weit entfernt gelegenen kleinen See wurde die Asche hineingeworfen.

Die Geschichte von Auschwitz liegt offen, geht tief und macht sprachlos. Der Weg führt durch Birken- und Eichenwäldchen, eine idyllische Landschaft. Doch wer könnte hier an Romantik denken. Vorn, am Ende der Ausladerampe, befinden sich die Ruinen von zwei Krematorien und Gaskammern. Die sich zurückziehenden SS-Männer haben sie 1945 gesprengt. Doch die Architektur des Grauens ist erhalten geblieben. Die Ruinen sprechen davon. SS-Ärzte, darunter der wegen seiner Experimente an Kindern berüchtigte Josef Mengele, haben selektiert, Menschen ausgesucht, deren Leben für Arbeit oder medizinische Versuche verlängert werden sollte.

Unterirdisch zogen sich die ankommenden Juden aus, legten die Kleider ab und gingen in die Gaskammern. Dreißig Meter lang, sieben Meter breit und zweieinhalb Meter hoch war der »Desinfektionsraum«, Platz für Hunderte von Menschen. Auf Schienen wurden die Ermordeten zu den Verbrennungsöfen gefahren, 15 Öfen konnten täglich dreitausend Menschen verbrennen. Vor dem Verbrennen wurden den Frauen die Haare abgeschnitten, die Goldzähne ausgeschlagen.

Kleidung und sämtliche Habe wurden nach »Kanada« gebracht. So hießen die 30 Baracken, in denen die SS-Männer das Eigentum der Opfer zur »Wiederverwendung im Reich« lagerten.

Bei den Grundmauern dieser Gebäude fährt der Schrecken jäh in die Glieder. Löffel, Messer und Gabeln ragen aus dem Boden. Das ist gewollt und Teil der Ausstellung. Diese Funde und der danebenliegende See voller Asche führt zu einer Reaktion der Empathie mit den Opfern, der grenzenlosen Wut mit den Tätern.

Ja, diese Gedenkstätte muss als brutalstes Zeugnis menschlicher Unkultur erhalten bleiben. Warum nicht unsere Schüler einmal hierherschicken. Nicht um sie in eine Rolle der Schuld zu drängen, sondern um sie zu sensibilisieren, sie mit dem Erbe der Verantwortung, das sie tragen müssen, bekannt zu machen. Genugtuung kann es nicht geben, aber wer die Auseinandersetzung mit der Geschichte versucht und wagt, kann nachdenken über die Konsequenzen für Gegenwart und Zukunft. Auschwitz verändert den Menschen. Es ist ein Weckruf für eine politische Moral.

Bodenfunde

Zurück zu dem Ort, wo Hans und seine Freunde sich versteckt haben. Ich kenne ihn nur zu gut. Meine Geschichte dazu passt zu der seinen. Wir spielten nur Krieg, wir wussten da wenig, wie ernst es wenige Jahre zuvor zugegangen war im realen Krieg. Am Bruckbach, im angrenzenden Wald, dem kleinen Tal davor mit seinen schon von Hans Carossa bedichteten grasbewachsenen Hängen und Streuobstwiesen, war unser Revier. Und dort sind wir auf einen Bunker gestoßen und auf mehr. Auf einen Stahlhelm, verrostet und mit einem kleinen Einschussloch. Wurde durch dieses Loch der Träger des Helms getötet? Gebeine fanden wir nicht, aber Munitionsteile, Patronenhülsen. Ist die Geschichte vom Hans doch anders ausgegangen, tödlich? Oder war es ein anderer Bunker? Die Erdlochsuche jedenfalls brach aus und etwa zwei Kilometer Luftlinie gen Osten, dort wo heute die Autobahn 3 sich über das Donautal spannt und sich hineingefressen hat in eine vormals intakte landwirtschaftlich geprägte Flur, haben wir in einem gut erhaltenen Loch auch einen Menschenschädel gefunden.

Bis heute habe ich mit keinem darüber gesprochen. So erschrocken waren wir damals, dass wir uns nicht mehr hintrauten, und dann kamen schon die Bagger, trugen Erde ab, schleiften die Hügel und frästen sich in die Landschaft. Wir zogen landeinwärts zu den sanft aufsteigenden Hügeln südlich der Donau, wo leichte Erdbewegungen beim Weiherbau unseren Forschergeist beflügelten, zumal allerhand zutage kam aus vorigen Zeiten.

Begeistert von der griechischen Sagenwelt und erster Lektüre über die Ausgrabung von Troja, habe ich als »Clan-Chef«, als Häuptling der Stockland-Bande, meine Getreuen um mich geschart, sie angehalten, aus den Schuppen der Eltern allerlei Grabwerkzeug mitzubringen. Schließlich sollen schon Tonscherben keltischen Ursprungs auf dem Gemeindegebiet entdeckt worden sein. Wir fanden allerhand Zeugs, aber keine Regenbogenschüsselchen und keinen Münzschatz, gleichwohl aber eine Bronzefigur, die uns schnell an die Römer denken ließ, die hier wohl jenseits des Donaulimes verkehrt haben mochten. Kaiser Augustus hat schließlich 15 v. Chr. sein Imperium bis hierher ausgedehnt. Raetia secunda hieß das Grenzgebiet. In Bibersbach, Doblstein und Hausbach soll es Wachttürme gegeben haben. Die Skulptur, die wir sorgsam mit Pinsel und Bürste reinigten, entpuppte sich als Löwe. Mit mächtiger Mähne, so wie sie jener aus Stein geschlagene Löwe an der Straße nach Vilshofen hatte. Dieser, der auch schlicht »Der Löwe von Schalding« hieß, war sozusagen ein beliebter, wenn auch nicht ungefährlicher Spielplatz. Das 1823 von Christian Jorhan dem Jüngeren erbaute Denkmal stand an der B 8 zwischen Passau und Vilshofen am westlichen Ausgang von Schalding. Der auf einem hohen Sockel thronende Löwe wurde für König Max I. als Dank für den Bau der Straße errichtet. Das Dorf lag plötzlich an einer Reichsstraße, die von Passau bis nach Aachen führte. Die Straße erst ermöglichte eine direkte Verbindung zwischen Passau und Vilshofen. Vorher musste man mühsam durch den Neuburger Wald. Die massive, drei Kilometer lange Felswand entlang der Donau wird seit jener Zeit »Löwenwand« genannt.

Das Denkmal ist dreimal versetzt worden. In den 1860er-Jahren, als weitere Felssprengungen für die zweigleisige Donautalbahn nötig wurden, und 100 Jahre später, als die Elektrifizierung der Eisenbahnstrecke es erforderte. 1980 schließlich nach der Verbreiterung der B 8 wurde der Löwe auf die andere Straßenseite gehievt, wo er seitdem quer zur Straße steht.

Mich hat seit frühester Kindheit die Inschrift auf dem Sockel fasziniert, die wir schon in der Grundschule abmalen mussten: »*Maximilian I. Koenig der Baiern, öffnete hier, über von keinem Wanderer je betretene Felsen, dem offentlichen Verkehre diese sichere Bahn. Zum Denkmale seiner Fürsorge von den Bewohnern des Unterdonau Kreises, im Jahre 1823.*«

Der Wilderer in der Löwenwand

Die Weinzierl-Oma wusste noch von königlichen Zeiten zu erzählen. Sie habe dem Prinzregenten einst als Mädel zugewunken, als er auf einem Donauschiff an den Schaldingern vorbeifahrend diese grüßte. Es muss Prinz Luitpold gewesen sein, der bis 1912 zunächst für den entmündigten Ludwig II., dann für den geisteskranken Otto die Bayern regierte. Die 1904 geborene Oma wusste auch noch von den vielen Felsen und Stromschnellen zu berichten, die der spätere Bau des Kraftwerks Kachlet überfluten sollte. Sie hat dort gebadet, lernte aber nie schwimmen, was nicht nötig war, denn die seichten Stellen überwogen. Heute ist das alles zehn Meter unter Wasser. Nur die Waller und Hechte, die Barben und Nasen und sonstiges Fischgetier dürfen sich zwischen den Felsen tummeln.

Vom besagten Löwendenkmal aus konnte man gut in die Felsenwand klettern, die sich an vielen Stellen über 50 Meter steil hochzog. Wir hatten die Geschichten vom Sattler Sepp gehört, einem

Wilderer, der stets auf der Flucht vor der Gendarmerie war, weil er entlang der Donau und über den Neuburger Wald hinein auch in den österreichischen Sauwald hinüber die Wälder unsicher machte. Auch wenn mancher im Volk sein Leben romantisierte, weil er es der Obrigkeit gezeigt hätte, dieser Mann war ein Mörder, der mehrere Menschen auf dem Gewissen hatte, den mehr als der Jagdtrieb auch Mordlust anfeuerte. Und doch gaben ihm immer wieder allerlei Weiberleut Unterschlupf, versteckten ihn vor den Polizisten, die ihm oft monatelang hinterher waren.

Der Sattler Sepp von Deichselberg, das klingt noch harmlos. Aber er war der berüchtigtste Wilderer unserer niederbayerischen Heimat, da lässt sich eine Moritat der übleren Sorte erzählen. Und es geht tatsächlich um eine »Mords-Tat«. Die Schwaben haben den Klostermayer Mathias, der als »bayerischer Hiasl« bekannt wurde, die Oberbayern den Jennerwein Girgl aus Schliersee. Und die Niederbayern können in Sachen Niedertracht und Gewaltverbrechen den Sattler Sepp aus Deichselberg anführen. Auch dieser Josef Sattler endete blutig. Von einer Kugel am Hals getroffen und verblutet, fanden ihn seine Häscher, die ihn stundenlang belagert hatten, in den Morgenstunden des 2. April 1878 – angeblich in knieender Stellung, das Gewehr fest in Händen haltend. Doch bevor Sattler an jenem Tag selbst getroffen wurde, hat er den Polizisten Sebastian Schütz angeschossen und so schwer verwundet, dass dieser wenig später starb. Schütz wollte den Stadel stürmen, in dem Sattler sich verbarg. Fünf »Rehposten« – verbotener Flintenschrot – steckten in seinem Hals.

Das Geschehen gäbe einen veritablen Thriller ab, der geradezu nach Verfilmung schreit. Dramatik, Mord und Totschlag – alles andere als die viel gepriesene gute alte Zeit. Und er war schon gar nicht ein niederbayerischer Robin Hood, wie es die Romantisierung der Vorfälle im Lauf der Zeit vermuten ließe. Der Wilderer und Räuber war ein rabiater und brutaler Mann, der sich um Recht und Gesetz keinen Deut scherte. Dem kleinen Josef, der am 26. Mai 1830 in Hart in der Pfarrei Tiefenbach bei Passau geboren wurde, war das Verbrechertum nicht in die Wiege gelegt.

Die Eltern, Josef und Korona Sattler, die erst nach der Geburt des Sohnes heirateten, konnten ihm auf ihrem Hof in Höbersdorf bei Otterskirchen eine unbeschwerte Kindheit und Jugend bieten. Eine vielleicht zu unbeschwerte, wie der anonyme Verfasser des 1912 veröffentlichten Büchleins »Der bayerische Hiesel oder Lebensgeschichte des Josef Sattler« mutmaßt. Zu große Nachgiebigkeit der Eltern dem Kinde gegenüber sei der Grundstein des verfehlten Lebens gewesen. Der Überlieferung zufolge soll der alte Sattler ein sehr verträglicher Mensch gewesen sein, der den Sohn von früh an auf die Jagd mitnahm, sodass dieser als junger Mann schon zu einem der vortrefflichsten Schützen weit und breit wurde.

Früh wurde er aktenkundig. Weil er in Raufereien verwickelt war, sprach 1858 das Königliche Amtsgericht Vilshofen ein halbjähriges Wirtshausverbot aus. Schon zwei Jahre später stand er wieder vor Gericht. Er wurde wegen Wilderei und Körperverletzung vom Bezirksgericht Passau zu einer achtjährigen Arbeitshausstrafe verurteilt. Er hatte einen Gendarmen angeschossen. Die achtjährige Strafe verbüßte er in der

Zwangsarbeitsanstalt in Rebdorf bei Eichstätt. Dort brach er 1861 aus einem Absonderungslokal aus, wurde aber schnell gefasst. Geläutert hat ihn die Haft nicht. Kaum auf freiem Fuß, begann er wieder zu wildern. 1874 musste er dafür vier Monate ins Gefängnis. Drei Jahre später wurde der 43-jährige ledige Bauernsohn von Deichselberg – seine uneheliche Tochter Maria wurde am 7. September 1850 in Schalding l. d. D. geboren, die Mutter war Therese Kapfhammer – erneut zu drei Jahren verurteilt. Im Urteil bezeichnete ihn die Justiz schon als einen »wegen seiner Verwegenheit gefürchteten Wilddieb«. Entlang der Donau zwischen Vilshofen und Passau, von Hutthurm hinüber bis nach Fürstenzell, in den Ausläufern des Bayerischen Waldes und im reich bewaldeten Hügelland südlich der Donau – überall hatte er seine Schlingen ausgelegt und Unterschlupfmöglichkeiten angelegt. Seine Eltern mussten wohl auch wegen des kriminellen Sohns das Anwesen in Höbersdorf verkaufen und ein kleineres Haus in Deichselberg erwerben. Josef Sattler gab den festen Wohnsitz auf, führte ein unstetes Wildererleben. Orte, in denen er Jagdfrevel beging, sind unter anderem Tiefenbach, Hacklberg, Passau, Ruderting, Thyrnau, Windorf, Sandbach, Zeitlarn. Im April 1877 wurde er wegen Diebstahls, Blutschande, Hehlerei und Wilderei zu drei Jahren Zuchthaus verurteilt. Am 20. Mai floh er aus dem Passauer Gefängnis.

In Zeitungen von damals ist von Sympathiebekundungen seitens der Bevölkerung dem Wilderer gegenüber zu lesen: »Echte Banditenseelen vom Lande haben gestern dahier die Heldenthaten des Banditen Sattler besungen und den flüchtigen Schurken über den Schellenkönig gepriesen.« Sattler wurde steckbrieflich gesucht, zog den Polizisten aber immer wieder eine lange Nase. In Rathsmannsdorf saß er gemütlich beim Säger Franz Muhr, während zwei Gendarmen entlang der Hauptstraße an einer Böschung und in einem Rohr nach ihm suchten. »Da schau nur grad hin«, sagte er zum Säger, »die zwei Dummköpfe suchen mich da drüben in dem Rohr, schade, dass ich da nicht drinnen sitze, was glaubst du, was die für eine Ladung von mir ins Gesicht bekämen.« Im Volk fand Sattler Sympathie. Man gewährte ihm Unterschlupf, verköstigte ihn.

Am 14. Juni kam es zu einem Zusammentreffen mit zwei Gendarmen. Es verlief noch glimpflich, zeugte aber vom entschlossenen und rücksichtslosen Vorgehen Sattlers. Er traf Jakob Weber mit Schrot im Gesicht, am Hals, an der Brust, am Arm und am Oberschenkel; und Johann Kraus am Arm, an der Hand und am Knie. Beide überlebten. Als niederträchtigen, infamen Gewaltverbrecher bezeichnet der Autor Johann Dachs den nur leicht verletzten Sattler. Nun wurde die Suche verschärft – Sattler war unberechenbar und scheute vor Mord nicht zurück. Und genau dazu kam es am 22. Oktober 1877. Das Opfer war Gendarm Michael Meisinger, der in der Rudertinger Region die Wälder zu durchsuchen hatte. Im Lohwald fand eine Rudertingerin ihn tot unter Geäst liegend. Sattler hatte ihn erstochen. Das Messer ging ins Herz, in die Niere, in den Kehlkopf. Im Fuchshäusl, wo Sattler und die »Fuchsin« zu einem Techtelmechtel buchstäblich unter einer Decke steckten, hatte Meisinger ihn gestellt und in der Auseinandersetzung den Kürzeren gezogen. Er verblutete im Alter von 32 Jahren.

Was nun einsetzte, war eine lang andauernde Treibjagd auf den flüchtigen Mörder. In Otterskirchen wurde im Oktober 1877 eine zusätzliche Gendarmeriestation eingerichtet, die Stationen im Umkreis wurden verstärkt, eine Belohnung wurde ausgesetzt. Zunächst aber fanden die Beamten die leeren Unterstände. Die Entrüstung über die Hehler und Helfer des Meuchelmörders wuchs schnell. Der Tiefenbacher Alfred Schwarzmaier, der das Leben dieses Wilddiebs und Mörders umfassend beschrieben hat, vermutet, dass die wenigsten Menschen je freiwillig geholfen haben, Sattler mochte sie wohl gezwungen, bedroht und genötigt haben. Der laut Steckbrief nur 164 Zentimeter große Wildschütz war rücksichtslos und skrupellos, sein stets geladenes Doppel-Gewehr immer schussbereit. Er kam noch einmal über den Winter.

Der Showdown, das tragische Ende, spielte am 1. April 1878 im Stadel des Bauern Rauscher in Brauchsdorf bei Kirchberg vorm Wald. Die Gendarmen bekamen einen Hinweis, Sattlers Sympathievorrat schien aufgebraucht. Ein Polizist namens Hader und sein Kollege Sebastian Schütz eilten zum Stadel, positionierten sich auf zwei gegenüberliegenden Seiten des Stadels. Sattler schoss sofort, Schütz wurde am Hals getroffen, sank tödlich verwundet nieder. Hader umkreiste den Stadel, wartete, bis Verstärkung kam. Diese rückte aus Otterskirchen an. Martin Kellner stülpte sich einen Backtrog über, näherte sich dem Verwundeten, band ihm ein Seil um den Körper, sodass er zum nahen Haus gezogen werden konnte. Um zehn Uhr nachts aber starb der schwer verwundete Schütz. Gut zwei Dutzend Mann umstellten den Stadel, erwiderten das Feuer. Bei Tagesanbruch wagten sich die Ersten dann in den Stadel, fanden Sattler mit einem Schuss im Hals tot auf. Der Todesschuss soll von jenem Gendarmen Johann Kraus gekommen sein, der im Juni 1877 von Sattler verwundet worden war.

Laut »Donau-Zeitung« strömten Menschenscharen aus der ganzen Region nach Brauchsdorf, um sich den Schauplatz der blutigen Affäre anzusehen. Sattler und sein Opfer wurden am selben Tag, am 4. April 1878, beerdigt. Sattler an der Friedhofsmauer in Passau-Heining, Schütz auf dem Friedhof in Otterskirchen. Am Grab des Gendarmen versammeln sich heute noch alle Jahre Anfang April Vertreter der Polizeipräsidien Niederbayern und Oberpfalz zu einer Gedenkfeier für alle im Dienst verstorbenen Polizisten. Damit ist Schütz zum Stellvertreter geworden für alle Gesetzeshüter, die im Einsatz für Gerechtigkeit das Leben verloren haben. Sattler aber hat den Mythos eines zu Unrecht Verurteilten und Verfolgten durch seine brutalen Verbrechen zerstört.

Und in der Löwenwand nun gab es mehrere Höhlen, schwer zugänglich und kaum einsehbar. Wir fanden eine solche Höhle, zu der wir nur mit dem Seil ab- oder aufsteigen konnten. Fast gruselte es uns, denn es war erkennbar, dass hier in früheren Zeiten immer wieder auch Menschen Unterschlupf gefunden hatten. Wir aber hatten kein »Räuber und Gendarm«-Spiel im Kopf. Wir hielten es lieber mit Robin Hood, dessen Rolle ich übernahm, mein Bruder wurde zum Bruder Tuck, und natürlich gab es Little John und auch Lady Marian, denn zur Bande gehörte auch ein Mädchen, das zwar als solches nicht auffiel und auch keines sein wollte. Weil es aber doch eines war, musste es halt in den sauren Apfel beißen und die edle Dame spielen. Sie hieß eigentlich Gabi, eigentlich, denn rufen mussten wir sie Gabriel. Und als solcher gab sie manchmal den flügelschlagenden Erzengel.

Die Lewerlkurve

Zurück in die Sechziger. Um von unserem Haus zur Donau zu kommen, mussten wir einen Bahnübergang queren, von denen es insgesamt drei gab. Einen am Dorfeingang, einen dort, wo Heining begann, und einen mitten im Ort, zur Fähre hin. Und nahe diesen Schranken wohnten der alte Brandl und seine Frau, er ein Eisenbahner und sie eine Kioskfrau, zwischen Bahngleis und alter B 8, die sich ja mitten durchs Dorf zog. Damals gab es keine Autobahn. Diese fast drei Kilometer sich durchs Dorf schlängelnde Bundesstraße war eine Hauptverkehrsader. Wer nach Österreich und weiter nach Ost- und Südosteuropa, ja nach Jugoslawien, Griechenland oder gar in die Türkei wollte, musste hier durch. Da lohnte sich ein Kiosk auf jeder Straßenseite mitten im Ort. Richtung Passau betrieb ihn die Dometshauser Luise und Richtung Regensburg eben die Frau Brandl, und unser Haus lag genau dazwischen. Wenn da die Lkw-Fahrer von ihrem Kutschbock sprangen, um Zigaretten oder eine Brotzeit zu kaufen, fiel oft das ein oder andere Zehnerl in den Kies, nur um von uns begierig wartenden Buben aufgeklaubt zu werden. Denn für zwei Zehnerl gab es ein Eis oder eine Semmel mit einer Scheibe Kochsalami drin. Und pro Zehnerl mehr legte die Frau Brandl eine Scheibe Salami zusätzlich drauf. Wir waren traurig, als das Kioskzeitalter vorbei war, wir keinen der Kleineren mehr zum Ibidumm-Kaufen zur Frau Brandl schicken konnten.

Freilich waren auch die Zeiten vorbei, wo die Eltern Angst haben mussten um ihre Kinder. Denn an der B 8 gab es keinen Bürgersteig, und zur Schule gehen mussten die Kinder durch den viel befahrenen Ort. Und in der Lewerlkurve kam gar manches Fahrzeug ins Schlingern und kippte in den Graben. Dann kamen die Dörfler und schleppten weg, was sie konnten. Lieber selbst verzehren als verkommen lassen. Ich erinnere mich an rote und grüne Paprika, die ich körbeweise heimschleppte. Ich musste allerdings dann auch zwei Wochen lang täglich Letscho essen, ein ungarisches Gericht, das mein Vater so liebte. Da waren mir die Schweinehälften schon lieber. Aber da schaffte ich nur zwei, denn dann waren die

Polizisten zur Stelle, die sich auch als Lebensmittelwächter entpuppten und das Fleisch lieber zur Abfallbeseitigung bringen ließen. Die zur Sackgasse gemachte Straße nahm die Gefährdung später weg, aber sie machte den Ort auch insgesamt zur Sackgasse, vielleicht war das der Anfang von Ende des Dorfes.

Einen einzigen Berufsfischer gab es damals auch noch, das war Hans Steinleitner. Ihm half der Beham, einer, der es nicht leicht hatte. Aber die Beham-Familie, die zahlreich war, hielt zusammen, verdiente sich den Respekt auch durch ihre Schwammerlkönnerschaft, wobei es einzelne zu großer Meisterschaft brachten. Ich begab mich zur Lehre bei ihrem jüngsten Spross. Dort verfeinerte ich bald, was der Vater und die Großväter mir übers Schwammerlsuchen beigebracht hatten. Und ich dehnte meine Reviere aus, selbst die Wildschweinwälder eroberte ich mir. Gelernt habe ich vor allem eins: Nur wer sucht, der findet. Auch, dass zum Suchen und Finden Umwege gehören und kein Weg je umsonst beschritten wird.

An Menschen wollte ich erinnern, den Schuster Krämer Michel zum Beispiel. Er hat es am längsten ausgehalten als Handwerker alter Schule im Ort. Der Schmied im Ort, der auch Wagner war, oder der Korbmacher waren da schon lange weg. Kam man in seine kleine Werkstatt, weil man ihm Schuhe oder auch die lederne Schultasche zum Reparieren brachte, so empfing einen gleich der Geruch des Leders, etwas, was ich bis heute in der Nase habe, wenn ich das Wort Schuhmacher höre. Hammer, Beißzange, breite oder schmale Zwickzange, Faltenzange oder Kneipmesser in der Hand, mit dem er Sohlen und Absätze beschnitt, saß er da, in Reichweite lagen Wetzstein, Täcksheber, Spitzknochen, Rissöffner. Ich habe ihn als Kind oft gefragt, was für Werkzeug das alles sei: die Querahle, die er zum Vorstechen der Bodennahtlöcher brauchte, Stahl- und Schweinsborsten, die er als Nähnadeln verwendete, oder die Glasscherbe bzw. Ziehklinge zum Entfernen der Ledernarben. Kaum verständlich, weil er meist ohne Gebiss vor sich hinarbeitete, war er gern zum Ratsch bereit, der kleine, zusammengeschrumpelte Mann, der freilich zäh wie sein bestes Leder war

und noch hochbetagt jeden Tag jeden Auftrag an-
nahm und pünktlich abarbeitete. Mir imponierte
der Michel, vielleicht auch deswegen, weil mein
Opa unter den vielen Berufen, die er mal ausge-
übt hat, auch den des Schuhmachers genannt hat.
Sein Schustereisen heben wir heute noch auf.

Kirchenpioniere

Noch so ein alter Mann, der gefühlte 20 Jahre lang ein solcher war, bis er hochbetagt doch eines Tages vor seinen Schöpfer trat, war Josef Putzmüller. Er hat keine Angst vor dem Tod gehabt, er hat dem da droben gut gedient bis zuletzt. Er soll ein geschätzter Postler gewesen sein, für mich aber war er der Kirchenpfleger. Von 1957 bis 1984 übte er dieses Ehrenamt in der von ihm so maßgeblich mit aufgebauten Expositur aus, bis ihm meine Mutter nachfolgte. Klein war er, aber Größe und Würde im kreisrunden Gesicht verlieh ihm ein Schnauzer, wie er einst einem alten Hofrat zu eigen gewesen war. Der Blick aus seiner dicken Brille kannte keinen Grimm, nur große Freundlichkeit und Verantwortungsbewusstsein. Überhaupt entstand das Dorf so richtig ja erst mit diesem Kirchenbau auf einer Anhöhe in der Dorfmitte Ende der 1950er-Jahre. Bis dahin mussten die Schaldinger nach Heining oder in die hölzerne Kirche des Flüchtlingslagers gehen. Da wie dort wurde es den Schaldingern zu eng.

Zwei Männer sind zu nennen, denen die Idee einer eigenen Kirche keine Ruhe mehr ließ, Martin Huber und Michael Heininger. Letzterer stellte seinen Hummelbergacker zur Verfügung, und die Dorfgemeinschaft, angeführt von den beiden schon Erwähnten, aber auch von Alois Krenn, Georg Stoiber oder Hans Fellner, machte sich an den Bau des Gotteshauses.

Dass die Kirche nach dem Heiligen Michael benannt wurde, war eine gute Namenswahl, dem Heininger Michl gefiel's. Ein Gemeinschaftswerk war es, wie es wohl heute nur noch schwerlich realisierbar wäre. Der Solidargeist dieser Menschen prägte die kommenden Jahrzehnte, in die ich hineingeboren wurde. Mitte des 20. Jahrhunderts wollten die Menschen ein eigenes Haus bauen, in dem sie ihren Herrgott feiern konnten. Lange dauerte es nicht, bis dieses Gotteshaus sich mehr und mehr leerte. Heute haben die Menschen Gott nicht einmal mehr in den eigenen Häusern oder Wohnungen. Weihwasserkesselchen, Herrgottswinkel, Heiligenbilder – alles Mangelware, entsorgt nach dem Tod der Alten.

Ein wenig vom damaligen Gründergeist ist wohl heute noch erkennbar, aber die Identifikation mit dem von eigner Hand Erbauten, Geschaffenen lässt nach. Wer weiß noch von den Mühen, das Bauholz zu erbetteln, zu bearbeiten, kostenlose Bruch- und Klinkersteine vom Tonwerk Rittsteig zu holen. Einer, der damals auf dem Kirchendach stand, um beim Dachstuhl mitzuhelfen, war Lorenz Leimpek, ein Ungarndeutscher, der wie viele aus seinem ehemaligen Dorf hier eine zweite Heimat gefunden und angepackt hat. Er hatte sich aus den Brettern der Lagerkirche sein Haus gebaut, in dem er bis ins neue Jahrtausend lebte. Jahrzehntelang gehörte er zum festen Inventar der Expositur, nicht nur in der Kirchenverwaltung, auch als Mädchen für alles.

Immer wieder Flüchtlinge

Überhaupt könnte ein Blick auf die Flüchtlings-geschichte in diesem Dorf nicht schaden. 1945 war ein altes Wehrmachtslager an der Donau eine Wundertüte. Viele, die damals jung oder gar noch Kinder waren, können davon erzählen, wie in den letzten Kriegstagen und danach die Dörf-ler hier fortschleppten, was sie brauchen konn-ten. Bis heute haben sich Wehrmachtsdecken und Sicherheitsnadeln in unserm Haus erhalten. »Das andere war schon weg«, erinnerte sich mei-ne Mutter, die damals noch nicht wissen konn-te, dass sie einmal im Lager Schalding arbeiten würde. Ende 1945 kamen bereits die ersten Flücht-linge ins Lager, 300 im Dezember, die im Januar 1946 schon auf 1700 anwuchsen. Das Lager wur-de ausgebaut und erlangte als Durchgangslager für Flüchtlinge und Vertriebene aus dem Osten Euro-pas enorme Bedeutung. Es wurde rasch ausgebaut. Bis 1950 lebten etwa 800 Dauerbewohner dort. Es entstand eine eigene Binnenstruktur mit Betrie-ben, Geschäften, Wirtshaus, Schule, Kindergarten und eben jener Lagerkirche, gebaut aus Teilen einer ehemaligen Entlausungsbaracke. Die anfangs schwierige Integration der Flüchtlinge gelang schnell. Viele Menschen haben sich aus dem Lager heraus eine Existenz aufgebaut und sich in der Gemeinde Heining angesiedelt.

Und heute: Wohin wir blicken auf diesem Globus, begegnen uns der Krieg und die Unmenschlichkeit in vielen Varianten, oft tarnen diese sich sogar mit dem Mantel der Brüderlichkeit, einer vorgeschützten Toleranz, die sich dann ganz schnell in ihr Gegenteil verkehrt. Brüdervölker massakrieren sich genauso wie vermeintlich unterschiedliche Ethnien. Vertreter der einen großen monotheistischen Weltreligion schneiden sich gegenseitig die Gurgel durch und schießen Vertreter der anderen großen Weltreligion reihenweise in die Hinrichtungsgräben, nur weil sie dem vermeintlich falschen Gott anhängen. Selbst ernannte Gotteskrieger schwingen das Schwert, um Köpfe abzuschlagen. Die Frau dort sollte sich am ganzen Körper verhüllen, kein Gesicht, geschweige denn ein Bein entblößt werden. Ganze Völker glauben sich anderen Völkern überlegen und usurpieren sie, nehmen ihnen Freiheit und oft genug auch Leben. Wir haben immer mit Verachtung auf die früheren Zeiten mit ihren Kriegen, Hungersnöten und Revolten herabgeblickt. Und blicken wir noch weiter zurück in eine Zeit, die wir Steinzeit nennen, so sage ich, nie mehr war die Menschheit menschlicher als damals. Heute ist dort der Stein, wo das Herz hingehörte.

Wir wähnten uns so mündig, wir glaubten, das Böse und Gewalttätige sei überwunden. Mitnichten. Das aufgeklärte Europa steht im 21. Jahrhundert vor einem Scherbenhaufen, die Welt rückt immer weiter weg von Selbstbestimmtheit, Freiheit und Menschenwürde. Und wir hier auf unserer vermeintlichen Insel der Glückseligkeit fühlen uns bedroht in unserem Wohlstand, von ein paar Flüchtlingen, und sind es Hunderttausende, wo ist die Integrationskraft der Nachkriegszeit, wo es uns gelungen ist, Millionen einzugliedern in die Gemeinschaft?

Heute, da jedermann sich vor zu viel Neuangekommenen aus aller Herren Länder geradezu fürchtet, weil er egoistisch nur an sein Hab und

Gut denkt, wo Menschen andere für Menschen zweiter Klasse halten, täte ein Blick zurück in jene Nachkriegsjahre gut. Es waren ungleich mehr Vertriebene und Geflüchtete, die man aufnahm wie Bruder und Schwester, denen man Brot, Wohnung und Arbeit gab, und die schließlich die fetten Jahre der Nachkriegszeit ermöglichten. Auch mein Vater, seine Schwester und seine Mutter waren Flüchtlinge, ich also selbst ein Migrantenkind. Doch diese Geschichte habe ich anderswo erzählt. Nach dem Ungarnaufstand 1956 und dem Mauerbau in Berlin 1961 erlebte das Lager noch mal eine letzte Sturm- und Drangzeit. Meine Mutter ist kurz nach meiner Geburt dort wieder ins Büro zum Arbeiten gegangen. 1963 war dann Schluss. Zur selben Zeit etwa wurde auch der jahrzehntelang bestehende Fährverkehr auf der Donau eingestellt.

Verschworene Gemeinschaft

Wenn man's genau nimmt, hat sich Schalding erst so recht als Dorfgemeinschaft begründet mit der aus der Lagerkirche entstandenen Expositur. Der Ortsname ist zwar alt, schon im Jahr 1071 wird »Chaesil de Schaltern« erwähnt. Das erinnert an die Stechruderer, die jahrhundertelang mit ihren Booten durch die Untiefen der ungebändigten Donau manövrierten. Ansonsten gab es 1934 etwa erst 19 Häuser mit 136 Bewohnern. Einer war damals mein Urgroßvater mütterlicherseits. Theo Weinzierl war ein begnadeter Stuckateur, dessen handwerkliches Geschick ihn in ganz Bayern herumführte und ihm gutes Geld einbrachte. Der Großvater hat immer erwähnt, wie sein Vater mit dem Wochenlohn von 20 Goldmark etwa aus München nach Hause gekommen ist. Seinen drei Kindern hat der Weinzierl noch vor seinem Tod jedem, unter deren tätiger Mithilfe, ein Haus gebaut. Dabei hat er auch wegen Grundstückstauschs mit Michael Heininger verhandelt. Der wollte neben seinem Wirtshaus unbedingt ein größeres Gebäude mit Saal und Wohnungen bauen. Das Gebäude, das dann auch bis zum Bau der Hans-Carossa-Volksschule 1954 als Schule diente, gibt es noch heute, es ist ein Kindergarten. Ebenso mein Großvaterhaus neben dem ehemaligen Bahnhof und die beiden anderen Gebäude im Ort (Josef Weinzierl) bzw. weiter draußen, wo die Weinzierl-Tochter Rosa Maier ihr Haus bekam. Seine erste Wohnung hatte der Urgroßvater im Gesindehaus des »Ödsüß«, wo er sich Ziegen, Hasen und Hühner hielt.

Doch zurück in die Anfänge einer Kirchengemeinde in Schalding. Lagerpfarrer Karl Mühltaler, der schon 1950 eine Wohnung in Schalding bezog, war dabei, als Martin Huber und Alois Krenn 1950 einen Kirchenbauverein gründeten, in dem sich rasch 130 Schaldinger tummelten. Die Kirchenstiftung entstand, 1951 folgte die Abtrennung einer Tochterkirchengemeinde von Heining und Kooperator Mühltaler übergab 1952 an Johann Starnecker, der zum ersten Expositus von Schalding wurde. Zunächst wurde 1955/56 der Pfarrhof gebaut und 1957 oberhalb des schon bestehenden

Friedhofs der Grundstein für die Kirche gelegt. Es gibt Bilder, die belegen, wie das Dorf damals mithalf und Arbeitskraft zur Verfügung stellte. Unter dem Architekten Michael Steinbrecher aus München bauten die Firmen Denk & Sohn und Capellaro die Kirche.

Nach nur drei Monaten stand an Weihnachten 1957 der Rohbau, und schon im Juli darauf, noch vor der Weihe, fand aus traurigem Anlass die erste Messe statt. Der Erstklässler Fredi Leimpek, Sohn des zupackenden Lorenz Leimpek, war gestorben. Doch schon die zweite Messe tags darauf war ein freudiges Ereignis: Georg Krompaß heiratete seine Fannerl. Jener Georg Krompaß, der auch nicht fehlen darf in der Dorfgeschichte, war er doch als jahrzehntelanger Pfarrgemeinderats-Vorsitzender ein wichtiger Motor der Expositurgeschichte. In Schalding konnte man auf engstem Raum leben und sterben, ohne dass einem was fehlte. Es sollte halt schon eine angemessene Lebensspanne dazwischen sein. Beim Krompaß »Schoos« war sie definitiv zu kurz. Er führte seinen kaufmännischen Beruf als Chef des »Silos«, wie das Gebäude an der Donau stets nur hieß, unweit des ehemaligen Lagers aus. Als Feuerwehrler ließ er hier die Mannschaften üben, die Stockwerke rauf und runter, als Gemeinderat stellte er sich in den Bürgerdienst und in der Kirche stand er bis zum viel zu frühen Tod 1999 seinen Mann.

Mesnerin Heine

Doch weiter mit einer Frau, die unverzichtbar war, die so unglaublich bescheiden wie beliebt, so unscheinbar wie stets präsent war in der Schaldinger Kirche. Wilhelmine Heine hat mir als Kind den Ministrantenrock gereicht und mich stumm ermahnt, wenn ich zu ungestüm die Sakristei betrat. Fast ein halbes Jahrhundert lang bis zu ihrem Tod 1995 hat sie den Mesnerdienst versehen. Die treue Seele hat den Buben den wegstehenden Kragen gerichtet, die Haare gekampelt – gschlampert durfte man nicht an den Altar. Eines von elf Kindern war sie, 1943 hat sie ihr einziges Kind verloren, 1945 noch im Krieg den Mann. Die Soldatenwitwe nahm die Berufung des Kirchendienstes als Lebensaufgabe an, zog Blumen unweit der Kirche, mit denen sie die Kirche schmückte. Eine Heldin des Alltags im Dorf. Und sie hat bis zu ihrem unschönen Tod der Kirche gedient. Weil ihr Dienst eines Morgens ungetan blieb, die Kirche nicht aufgesperrt, die Utensilien für den Pfarrer nicht hergerichtet waren, forschte man nach ihr, rief meine Mutter an, die Kirchenpflegerin war. Wir mussten ihre kleine Wohnung aufbrechen und fanden sie am kalten Steinboden liegend mit nur noch wenig Leben in ihr. So hielt nun ich, der groß gewordene Ministrant, den Kopf der alten Frau, deckte sie zu, bis der Notarzt kam. Und ihr, die nur noch flüstern konnte, war selbst dieser Dienst nicht recht. Ich sah sie nicht mehr wieder. Sie starb nach wenigen Tagen, ein Engel am unscheinbarsten Ort, auf ihre Art eine Mutter Teresa, die sich für keinen Dienst am Nächsten zu schade war.

Heimat sammeln

Der schon genannte Josef Starnecker ist mein erster Pfarrer. Er traut meine Eltern und er tauft mich und meinen Bruder. Er wird zum engen Freund der Familie. Die Freundschaft hält weit über seine 14-jährige Zeit in Schalding hinaus. Meine Mutter überlebt er sogar. Hochbetagt stirbt er 2014 an den Folgen eines Unfalls. Der Kontakt zu seinem Schalding ist nie abgerissen. Die späteren Besuche sind mehr in meiner Erinnerung geblieben als jene in den ersten Lebensjahren. Nur seine Verabschiedung im Dorf, sein Begleiten nach Außernzell ist mir als festliches Ereignis im Gedächtnis geblieben. Sein Schaldinger Nachfolger ist ein Spätberufener. Er kommt aus dem Wald, war Kaplan in Tittling, wo er den Heimatforscher Max Peinkofer beerdigt hat. Jahrzehnte nach diesem Begräbnis entdecke ich es. Peinkofer war »Heimatglöckner« der Passauer Neuen Presse. Das was er schon in den Zwanzigerjahren und danach getan hat, bis die Nazis ihn, den Homosexuellen, daran hinderten, nämlich heimatgeschichtliche Beilagen in der

Zeitung zu edieren, nahm er 1946 wieder auf. Bis zu seinem Tod 1963 versammelte er viel Wissenswertes über Brauchtum und Geschichte des niederbayerisch-oberösterreichischen Grenzlandes in seiner mehrseitigen Zeitungsbeilage.

»D'Maßkriag samma liawa wia d'Wejdkriag ... und d'Wurschdheid liawa wia d'Menschheit!« Was für ein Satz! So sehr er Krieg und jeglichen Militarismus verabscheute, so sehr lag ihm letztlich doch der Mensch am Herzen, der Mensch seiner näheren Umgebung, die im Fall von Max Peinkofer ganz Bayern umfasste. Gerade in der heutigen Zeit, in der es an Vorbildern mangelt, an Menschen, an deren Tun man sich aufrichten kann, ist die Erinnerung an den Autor, an den Kolumnisten, an den Brauchtumswahrer hochzuhalten.

Am 22. September 1891 in Tittling geboren und am 6. Mai 1963 in Zwiesel gestorben. Dazwischen hat Max Peinkofer unermüdlich heimat- und volkskundliche Schriften, Erzählungen, Mundartdichtungen, volkstümliche Spiele und vieles mehr verfasst und herausgegeben. Er schrieb für Zeitungen, Zeitschriften, Kalender und für den Rundfunk. 1924 begründete er die bis heute existierende heimatkundliche Zeitungsbeilage »Heimatglocken«. Allein schon, was er hier gesammelt und an Schätzen gehoben hat, verdiente eine ausführliche Würdigung, und ist in seiner Fülle noch gar nicht erfasst.

Was aber viel mehr wiegt, ist sein aufrechter Gang durch ein Leben voller Verfolgung und Außenseitertum. Peinkofer, bayerischer Patriot und gläubiger Katholik, war ein wacher Beobachter der Zeitläufte und ein früher Mahner vor dem Nationalsozialismus. Er spitzte seinen Stift gegen die Nazis, solange es ging. Der Literaturwissenschaftler Dr. Hans Göttler würdigt die Deutlichkeit des Oppositionellen als »kritischen und politischen Heimatdichter«.

In der »Drahobl«-Kolumne der »Donauzeitung« kämpfte Peinkofer für den Erhalt der Demokratie, vier Jahre lang schüttete er – da wohnte er auf Burg Niederhaus in Passau – sublimen Spott über die Hitlerei aus. Und das Regime rächte sich, indem es den homosexuellen Kritiker 1933 mehrere Wochen in München in »Schutzhaft« nahm und von 1938 bis 1942 in Landsberg am Lech inhaftierte. Er ließ sich nicht beugen, entkam auch der geplanten Erschießung gegen Kriegsende in Passau, die der NS-Oberbürgermeister Max Moosbauer per Parteibefehl anordnete. Der vorausgeahnte und erhoffte Zusammenbruch des »Dritten Reichs« war ihm willkommen. Am 19. Februar 1946 kommentierte »Drahobl« wieder, diesmal in der neu lizenzierten »Passauer Presse«. Deren Verleger Dr. Hans Kapfinger gab Peinkofer Lohn und Brot, ließ ihn die »Heimatglocken« wieder beleben. Und unermüdlich baute Peinkofer nach dem Krieg weiter an seinem Heimatwerk.

1931 hat er über das Passauerland geschrieben: »Ich liebe und lobe dieses Land, nicht allein deswegen, weil es das Land meiner Kindheit ist. Ich liebe und lobe es, weil es schön und reich ist, weil es der Herr verschwenderisch mit der Fülle seiner Schöpfungsgnade ausgezeichnet.« Der Bayerwald, das Passauer Land und auch das Rottal und das Donautal, die Regionen, in denen er knapp 20 Jahre lang in mehreren Orten Lehrer war – es war seine Heimat, und darüber schrieb er ohne jegliche »Tümelei«, ohne aufgesetzten Kitsch. Öffentliche Ehren wurden ihm, der sich wegen seiner Homosexualität Ächtung und Spott gefallen lassen musste, nicht zuteil. Erst 1968, da war er lange tot, fielen nach der Sexual-Strafrechtsreform die diskriminierenden Gesetze. Immerhin: Tittling machte ihn zum Ehrenbürger, Bischofsmais richtete ihm einen Erinnerungsraum ein. In etlichen Orten, z. B. Passau, Bogen, Vilshofen, Deggendorf oder Landshut, sind Straßen nach ihm benannt. Herzlich wenig.

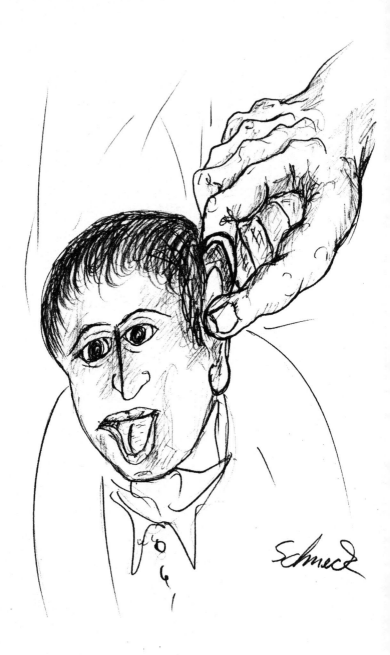

Ihr kennts hoamgeh

Dass ich einmal sein Nachfolger als Heimat-glöckner werden sollte, ja dass ich mit dem »Passauer Tölpel« einmal eine Kolumne, ähnlich der »Drahobls« schreiben würde, wer hätte das gedacht. Diese Tätigkeit führte dazu, dass ich in den Untiefen des Archivs des Bayerischen Rundfunks jene alten Fernsehbilder von der Beerdigung Peinkofers entdeckte. Neben all den vielen kirchlichen Würdenträgern, auch Domherren darunter, schritt Willi Krammer hinter dem Sarg des Heimatdichters her. Unter diesem Wilhelm Krammer werde ich zum Ministranten. Bei meiner Kommunion ist er anschließend daheim Ehrengast. Er ist trinkfest, das habe ich da schon festgestellt. Weniger mein Bruder, der über die »Noagal« kommt und unter dem Tisch die Reste trinkt und von meinem Vater dann stundenlang zur Ernüchterung herumgetragen wird.

Der erste Rausch meines Bruders ist mir in Zusammenhang mit dem Krammer Willi in Erinnerung geblieben. Dass der dem Alkohol ganz und gar nicht abhold war, sollte ich in meiner Ministrantenzeit schnell bemerken. So gut wie nichts ließ er vom Messwein über, und mit dem Wassertrinken hatte er es ganz und gar nicht. Beim »Heininger«, dem Dorfwirt, war er Stammgast am Stammtisch, auch das Bier schmeckte ihm. Es konnte schon vorkommen, dass er es mal nicht zur Messe schaffte. Damals war noch täglich Messe. Wir Buben mussten mindestens einmal pro Woche vor Schulbeginn ministrieren.

Als der Pfarrer einmal nicht kam, bin ich in die Kirche und habe die Leute heimgeschickt mit den Worten: »Es kennts hoamgeh, da Pfarra kimmt hed ned, der schlaft sein Rausch aus.« Der Pfarrer, dem das natürlich gesteckt worden ist, hat mir so was von die Ohren lang gezogen. Aber ich hab ihm geantwortet und ihm mit den Worten der Kirche gekontert: »Du sollst nicht lügen.« Kurz darauf, ich war damals in der vierten Klasse der Hans-Carossa-Volksschule, muss das noch nachgewirkt haben. Es war der 1. März. Wir hatten Religionsstunde beim Expositus. Die Kirchenuhr schlug. Ich rief »Zweyfe iss.« Da schaute er zum Kirchturm und ich gleich: »Märznkaibe, Märznkaibe.« Denn es war natürlich erst elf Uhr. Die Stunde dauerte noch an. Er aber fragte mich: »Bua, sticht di da Howa?« Ich, nicht wissend, was er damit meinte – das Wort Howa für Hafer kannte ich nicht – antwortete mit einem kurzen »Ja«. Da packte er mich an beiden Ohren und hob mich buchstäblich aus dem Stuhl in die Höhe. Das war aber der einzige und durchaus nachvollziehbare Missbrauch, den dieser Gottesmann bei mir verübte.

Mutprobe Tod

In jener Zeit war das Lausbuben-Gen voll er-
wacht. So sehr wir uns fürchteten, wenn wir am
frühen Morgen bei Dämmerung oder im Winter gar im Finstern über den Friedhof zur Sakristei eilen mussten, so sehr wollten wir im Leichenhaus die aufgebahrten Verstorbenen ansehen. Das
waren die ersten Mutproben, dem Tod ins Ange-
sicht zu blicken, denn damals lagen sie noch im
offenen Sarg, bis sie ins Grab versenkt wurden.
Bei meiner eigenen Großmutter war die Mutprobe nicht besonders groß. Ich hatte sie ja immer wieder am Sterbebett gesehen und wusste, was mich erwartete. Ihren Heimgang vergesse
ich nie, denn er geschah an einem historischen
Datum. Es war der 21. Juli 1969. Mein Vater hat
mich um drei Uhr früh geweckt. Wir wurden
Zeugen, wie um 3.56 Uhr Neil Armstrong und
Buzz Aldrin als erste Menschen den Mond betra-
ten. Und während wir dann im Zweiklassenver-
band mit unserer Lehrerin Franziska Moser mit
dem Zug von Schalding nach Seestetten, mit der

Sandbacher Fähre ans linke Donauufer nach Be-
sensandbach und von hier zum Ebersberg wan-
derten, ist die Müller-Mutter wohl ganz neugierig
auf die Mondlandung gewesen. Als ich ihren Tod
nach dem Ausflug mitgeteilt bekam, meinte ich
trocken: »D'Müllermuatta war scho immer neugierig. De hod zuagschaut.« Und droben auf dem
1887 erbauten 40 Meter hohen hölzernen Turm
auf dem Ebersberg, der mit 560 Metern ein rech-
ter Sonderling außerhalb des Bayerischen Waldes
ist, habe ich ins Donautal hinab und rüber in den
Sauwald geschrien: »Pfiati God, Müllermuata.«
Wir haben sie freilich schwer vermisst, die Mutter meiner Weinzierloma, die sieben Kinder groß-
gezogen hat und es nicht leicht gehabt hat damit.
Wie ich erst am Sterbebett meiner Mutter erfah-
ren habe, soll diese Katharina Müller eine uneheliche Tochter von einem der größten Unterneh-
mer in der Region zu seiner Zeit gewesen sein,
vom Steinwerkbesitzer Kusser. Nun im Tod hat
sie ziemlich friedlich ausgeschaut, versöhnt mit
dem Leben.

Besonders groß aber war das Grausen bei einer anderen Leich, das weiß ich noch wie ges-

tern, beim Mirtl Hansl. Er war zusammen mit dem Heuser dabei, mit dem Bulldog Holz von der Einöd ins Dorf hinunterzubringen. Und auf dem »Mejner Berg«, auf dem Müllner Berg, der eine 20-prozentige Steigung noch heute hat, trieb die schwere Ladung das Gefährt aus der Bahn, es überschlug sich und der Hans Lechl war tot. Der Heuser hat überlebt, aber mit einem steifen Bein. Und bis an sein Lebensende musste dieser Mann, auch er ein Vertriebener, für diesen Unfall viel Ungerechtigkeit erleiden. Denn der Volksmund gab ihm die Schuld am Unglück. Den armen Mann hat es noch gut 30 Jahre lang durchs Dorf getrieben. Wir haben uns damals ganz langsam angeschlichen, uns in Serpentinen zum Leichenhaus bewegt, und die Vorstellung war schrecklicher als das, was uns dann erwartete. Denn diesen Toten hatte man nicht aufgebahrt. Er war wohl zu übel zugerichtet. Aber da hatten wir das Fürchten schon hinter uns. Ein anderer Verunglückter aber aus der Einöd war dann wirklich zu sehen. Der Schießl-Bauer war bei der Holzarbeit tödlich verletzt worden. Schneeweiß war sein Gesicht und tiefschwarz der Haarschopf, wirklich

zum Davonlaufen. Wir haben es nicht lange ausgehalten, die Hakennase trat besonders markant
hervor, gscheit zum Fürchten halt, und es dauerte
lange, bis wir uns wieder einen Toten angeschaut
haben.

Lange Zeit hat mich der Friedhof angezogen,
bin ich herumgeschlichen zwischen den Grab-
steinen, besonders in den Herbstmonaten, wenn
es früh finster wurde, und nach Allerheiligen, die
Kerzen brannten in ihren roten Kunststoffgläsern.
Dann aber habe ich »Tom Sawyer« gelesen, die
Geschichte von Muff Potter und Indianer Joe auf
dem Friedhof und von der Ermordung des Dorf-
arztes am offenen Grab. Von da an überkam mich
das Gruseln, musste ich immer daran denken,
wenn ich durch die Gräber huschte.

Das Leichenanschauen war aber bald vorbei. Die
Särge wurden zugemacht, die Toten nicht mehr
so aufgebahrt, dass man ihnen ins Antlitz schauen
konnte. Wir sind eh lieber auf den neuen Fußballplatz gegangen, der hinter dem Friedhof eine Eta-
ge tiefer lag. Denn der Platz unmittelbar neben
dem Elternhaus hatte ausgedient bzw. sollte dem

Autobahnbau weichen. Denn just da, wo der SV Schalding seit seiner Gründung dem runden Leder nachjagte, sollte ein Pfeiler für die Autobahn entstehen. Wieder ist es der Familie Heininger zu verdanken, dass es einen neuen Platz gab. Aus einem Weidehang sprengten Pioniere der Bundeswehr ein Riesenloch heraus, und in den Hang hinein wurde der Fußballplatz gebaut, ein richtiges Naturstadion, die ersten Jahre freilich nur mit einem Sandplatz. Noch war der spätere Regionallist noch sehr unterklassig unterwegs, das Fußballspiel aber trotzdem ein Spektakel. Für uns Sportler – ich spielte 1970 schon seit zwei Jahren in der »Schüler«, wie wir zur Mannschaft der unter Vierzehnjährigen sagten – war die Platzweihe ein großer Tag. Diese nahm natürlich der Krammer Willi vor, der damals schon der einzige Pfarrer im weiten Umkreis war, der das silberne Leistungsabzeichen der Feuerwehr tragen durfte. Er hat nichts ausgelassen, keine Geselligkeit, und wir und andere wussten, auch selten eine Frauenhand. Und die eigenen Hände ließ er nur allzu gerne unter die Röcke wandern. Aber da habe ich, an das Haferstechen denkend, lieber meinen Mund gehalten.

Der Doudngroba

Ich kannte und mochte den Totengräber des Ortes. Mit dem Opa bin ich schon als Bub die Häuser und Gehöfte abgegangen, als es um das Kassieren der Beiträge für die »Volksfürsorge« ging. Und deshalb war mir der Senner Jackl mehr als nur der »Doudngroba«. Einmal, ich war schon Student, hat er mich zur Seite genommen, als ich wieder mal auf dem Friedhof war. Das Gespräch habe ich bis heute im Ohr.

»Weißt du«, hat er gesagt, »schon seit vierzig Jahr trag ich ein um den andern zu Grab. Gestern ham wir den Wagner Wastl beerdigt und heut steh ich wieder aufm Friedhof und such einen guten Platz für den Dvorak Gustl. Da kann man den Freunden noch einen guten Dienst erweisen, wenn man ihnen die letzte Ruhestätte so schön wie möglich macht. Ich hab in der Beziehung auch mein Schicksal voll in der Hand. Mein Platz ist schon reserviert. Zum Schluss müsst ich noch unter die starken Wurzeln der alten Eiche. Das ist unser

Friedhofswächter. Der hat schon viele Generationen weinen gesehen. Auch aufm Friedhof wird's eng. Man muss vorsorgen, dass man nicht auch da noch den Ellbogen von einem anderen neben sich kriegt. Der Tod vom Wastl war tragisch, aber so geht's halt oft im Lebm. Letzte Woch hat er noch den Sarg vom Schmidbauern getragen, mit siebzig war er noch richtig vital. Auf die zwanzig Mark fürs Sargtragen hat er nicht verzichten wollen. Eine Plag ist es schon, hat er gesagt, aber wenigstens eine schöne Arbeit, eine feierliche. Ein Leben lang hat er geschuftet beim Bauern, war der ewige Knecht. Jetzt von einem Tag auf den andern trifft ihn der Schlag und muss er sich selber tragen lassen. Die zwanzig Mark hätt er gut brauchen können. Lauter Männer sterben. Die Frauen, die verdrücken sich nicht so schnell. Auf vier Männer wird eine Frau beerdigt. Es ist kein Krieg mehr, der sie wegnimmt. Heut tun sie uns halt langsam abmurksen, mit allerhand so Giftzeug. Die Frauen sind da scheint's zäher. Am End' halten die leicht mehr aus wie wir. Die leben um Jahre länger. Ich war nach dem Krieg heilfroh, dass sie mich, zsammgeschossn und wieda gflickt wie ich war, zum Totengräber gmacht ham. Wenn du dem Sensmo' so oft in d'Fratzn gschaut hast und bis zum Hals in Tote gstandn bist, hast keine Angst mehr vor ihnen. Im Gegenteil, so schön hergerichtet und feierlich begleitet man sie in die Grube fahren lassen kann, macht einem der Beruf sogar Spaß. Ich schau sie so wie du auch alle an. Sie sind ganz friedlich, weil keiner und nichts ihnen mehr wehtut. Zu mir warn schon viele Menschen bös. Viele Kinder fürchten sich vor mir. Wenn sie aufghetzt sind, spucken sie sogar auf mich. Doadnsepp, oida Depp, Sensmandl mim Boanastandl. Die Kinder können nichts dafür, und wenn die Alten im Grab liegen, kann ich bloß noch sagen: Jetzt is' vorbei mim Derblecken. Jetzt leg ich euch so, wie ihr euch gebettet habts. Ich bin nicht nachtragend. Aber es gibt halt bequeme Gräber – weit, trocken, an hellen, sonnigen Plätzen mit Donaublick – und es gibt enge, feuchte, schattige, hinten den Hang runter, und auch da muss jemand rein. Da hab ich schon eine Macht. Aber begraben hab ich alle. Sogar die alte Laderin. Die hat ›Saujud‹ zu mir gesagt. Ich hab ihr bloß das Loch geschaufelt und es schnell wieder zugemacht, denn ich hab schon Angst, dass die noch raufspuckt zu mir. Die Mess hab ich nicht besucht. Ich bin kein Jud, aber ein Volksdeutscher, und das ist so was Ähnliches, jedenfalls nichts Einheimisches. Dabei bin ich bodenständig. Der Hitler war froh um uns, weil wir froh waren, dass er uns unser Recht als Deutsche wiedergegeben hat, und gebraucht hat er uns auch, ham wir geglaubt. Da hab ich aber bald gesehn, dass Mensch nicht gleich Mensch war, aber dass ich kein Jud war, darum war ich schon froh. Einmal hab ich sogar einen alten Jud begraben, war eh bloß no einer da. Dass er Jud war, haben die Leute lang nicht gwusst, weil er eh kein Geld ghabt hat. Aber als er tot war, habn ein paar gleich was zum Redn ghabt. Dass man ihn nach Israel schicken soll. Ich war da noch ein Bursch, als sie zu Hunderten Juden durch unser Dorf gjagt haben. Wer auf sie gespuckt hat, hat eine Turnhose bekommen. Da hab ich auch gespuckt. Ich hab dem alten Jud einen Anzug von mir angezogen. Das war ich mir schuldig. Und ich hab mir einen Ochsen gekauft bald danach. Den hab ich Adi getauft und den hab ich schinden können und durchs Dorf getrieben mit dem Steckn. Aber den Adi hab ich letztlich doch lieber wieder hergeben. Denn der Sauhund hat mir nicht gefolgt. Wie der alte Jud unter der Erde war, hat er mir noch Arbeit gemacht. Denn die deutsche Erde war noch eine geweihte. Das war eine Art Terrorismus auf dem Friedhof. Das Kreuz ham sie ihm ausgerissen und Mist aufs Grab geschmissen. Ich hab einen gsehen und ihn mir gemerkt. Ich wollt ihn, wenn er gestorben wär vor mir, ins alte Grab von dem Jud legen. Das sollt Straf genug sein für den. Aber der Herrgott hat ihn selbst bestraft und abstürzen lassen, ins Eis. Da bist du als Totengräber machtlos. Wenn du Totengräber bist, brauchst du keine so gescheite Zeitung. Da weißt immer gleich, wenn einer gestorben ist. Du bist immer aktuell, weil die Leut alles von dir wissen wollen. Vor Kurzem bin ich aber selbst drin gstanden in der Zeitung, weil ich eingeschlafen bin im Grab und eine Frau geschockt hab. Ich hab ein Grube ausgehoben und probiert, ob's passt. Ich muss müd gewesen sein und bin eingenickt. Da hat eine ins Grab gschaut und wär beinah hineingefallen, wie sie mich gesehen hat. Wie ich sie mit Wasser wiederbelebt hab, ist sie wie vom Blitz getroffen, Kreuzzeichen machend, abgesaust und hat geschrien wie am Spieß. Am End' wollt sie mich sogar verklagen. Das Grab war für den alten Ratzinger. Das war der Schwammerlkönig der Region. Den hat zum Schluss das Leben nicht mehr so recht gefreut. Mit seinen achtzig Jahren ist von Juni bis Oktober noch jeden Tag in den Wald, doch heuer hat seine Tochter bloß noch geschimpft, wenn er Schwammerl heimgebracht hat. Da ist der Ratzinger hinaus, hat die Schwammerl wachsen sehen und sie nicht mehr mitnehmen mögen. Zu mir hat er noch gsagt, um alles bauen sie Zäune, nur um das depperte Atom nicht. Bis die Schwammerl wieder gsund werdn, wollt er nimma warten. Da ist er halt gstorben. Ich hab ihm das Grab in der Nähe der Birken ausgehoben. Da wachsen im Herbst schöne Rotkappen. Die würden ihm g'fallen. Meins ist auch nicht weit weg.«

Diese alte Rede vom Doudngroba kommt mir gern in den Sinn. An den Ratzinger habe ich wieder denken müssen, als ein Ratzinger gleichen

Namens Papst geworden ist. Mein Ratzinger soll aus dem nahen Oberösterreich herstammen, wo auch die Wiege der Ahnen von Josef Ratzinger stand, dem deutschen Papst, der also auch ein Hiesiger ist.

Die Scharrerin

Die Scharrerin erschien uns uralt. Wir fürchteten sie. Die Frau, deren Kopf fast den Boden berührte, so gebeugt ging sie, sich auf einen krummen Stecken stützend, wäre die Bestbesetzung für die Hexe im alten Märchen. Und weil sie am steilen Prügelweg wohnte, war der Gang dorthin eine rechte Mutprobe. Etwas erhöht am Hang stand das aus Holz und Stein zusammengefügte Haus. Sommers wie winters liefen hier nicht nur Katzen und Hunde, Hühner und Gänse, Ziegen oder Truthähne herum, auch ein Esel brüllte ab und an, so als wolle er tagein, tagaus ungebetene Gäste vertreiben. Ställe gab es nicht. Das Federvieh und all die anderen Tiere hatten freien Zugang zum Wohnhaus, das entsprechend aussah und wo es mitunter bestialisch stank. Und wenn dann die Scharrerin heraustrat und den Tieren etwas zuwarf, galt es Reißaus zu nehmen, bevor sie einen verwünschte. Doch mich zog es immer wieder hin. War der Esel etwa ein verzauberter Bub? Die Alte kroch herum, schleppte Holz, Mist oder sonstige Sachen, da zog kein Kräutersüpplein, kochte und brodelte kein Zauberkessel. Das Haus habe man ihr nach dem Krieg geschenkt, hieß es. Man erzählte viel von ihr. Überall, wo man sie sah, wusste man eine Geschichte über sie. Sie sei mit der schwarzen Frau verwandt, die im Bayerischen Wald herumgeistere. In vielen Dörfern hätte sie uneheliche Kinder ausgesetzt.

Einmal ist die alte Frau, die auf den Namen Philomena getauft wurde, Bus gefahren. Geredet hat sie zu dieser Zeit nur mehr mit sich selbst. Im Bus rückten die Passagiere von ihr ab, ihre nackten Beine waren kot- und urinverkrustet. Oft sah man sie, wie sie am Straßenrand schnell und ohne Aufhebens den Rock lüftete und urinierte. Da rann es nur so in den Straßengraben und an den Beinen herab. Toilette kannte sie nicht. Der Mantel, den sie stets trug, war steif. So ging sie auch in den Bus, falls sie mitfahren durfte. Es gab Fahrer, die ließen sie einfach stehen und hielten nicht. Das ging freilich nur, wenn keine anderen Leute mitfahren wollten. Die nahmen aber eh meist zuvor schon Reißaus. Der Geruch nach den eigenen Exkrementen, nach Esel und Stall vermischte sich. Es brannte in der Nase. Ich fühlte aber nicht nur das Beißende. Da war auch eine verborgene traurige Wärme.

Sie nahm keinerlei Notiz von ihrer Umwelt, sie lebte in einer eigenen Welt. Man hörte sie Philomena sagen oder Halleluja. Zauberformeln gleich murmelte sie Gebets- oder Kirchenliedtexte. In den vielen Plastiktüten, die sie immer hinter sich herschleifte, war nichts Eingekauftes. Sie räumte Abfallkörbe aus, steckte Essbares gleich in den Mund oder gab es ihrem Hund, der nicht weniger humpelte als sie. Im Bus begannen zwei halbwüchsige Lackel sie zu bespucken – »Die ist so krumm, die kann gar nimmer sitzen. Die steht eh vor lauter Dreck.« Sie schlug wild um sich, verlor das Gleichgewicht und stürzte zu Boden. Lautes Gelächter. In diesem Augenblick erschien die alte Scharrerin mir nur noch als bemitleidenswerter Mensch. Ich fauchte die zwei um einen Kopf größeren Jungen an, hob der Frau das Kopftuch auf, band es um die ungewaschenen fettigen Haare und half ihr in den Sitzplatz, und am Prügelweg geleitete ich sie hinaus. Unten stand eine Reklametafel, Willy Brandt und Franz Josef Strauß schauten herab, warben um Stimmen für ihre Parteien. Die Scharrerin spuckte nun selber. Mit einer kaum glaubhaften Treffsicherheit wusch sie ihnen das Gesicht. Da kreuzten sich unsere Blicke. Ich fühlte mich getroffen. Als wenn sie so den Schmerz zurückgab, den sie doch empfinden musste, wenn so viel Verachtung auf sie einhieb. Bis zum Hollerbusch an ihrem Haus begleitete ich sie. Sie rief den Esel, den sie mal Oleander, mal Othello nannte, dem sie Geschichten erzählte. Zu ihren Tieren sprach sie in einer eigenen Sprache ganze Bücher. War es doch eine verzauberte Schönheit? Der Schauder blieb.

Professor, Pfarrer, FC-Bayern-Fan, Zweifelnder

1973 war es dann eh vorbei mit einem eigenen Pfarrer für das Dorf. Der Krammer bekam eine eigene Pfarrei. 2003 ist er in Forsthart verstorben. Gesellig ist er geblieben, was den Nachrufen leicht zu entnehmen ist.

Was dann aber kam, war noch viel mehr. Denn dann kam der Herr Prälat bzw. zunächst nur ein Prof. Dr. Dr. Der gebürtige Burghauser und Hochschulprofessor August Leidl aus Passau wurde am 16. Februar 1973 zum Verwalter der Expositur und zog ins Pfarrhaus. Bis 1985 gab er den Expositus und dann diente er als ehrenamtlicher Hauptzelebrant seinem Schaldinger Kirchenvolk, das ihn wirklich wie einen Monarchen verehrte und hofierte. Zunächst nannte man ihn den »Herrn Professor«, dann nach seiner Ernennung dazu den »Herrn Prälat«. Wenn er nicht dabei war, war er aber halt einfach »der Leidl«, was durchaus auch liebevoll gemeint war bei diesem donauniederbayerischen Volk, das schnell erkannt hatte, dass zwischen ihm und dem Kirchenhistoriker eine »Beziehung« bestand, die man auch Liebschaft nennen darf. Vielfach hat sie über seinen Tod hinaus Bestand. Nur 61 Jahre alt, starb er 1994.

Mir war er ein früher Mentor. Er machte mich zum Oberministranten und hatte Großes mit mir vor. Ich sollte einmal der Direktor des Bistumsarchivs werden. Nun, das wurde ein anderer, ich wurde ein rebellischer Bursche, der mit seinem Professor manchen Strauß ausgefochten, sich aber mit ihm blendend verstanden hat. Ohne Zweifel war er ein kluger Kopf, seine vielen Schriften künden davon. Aber er war ein ziemlich verklemmter Mensch, über seine abstehenden Ohren hinaus voll beladen mit Komplexen. Noch beim Brautgespräch mit seinem einstigen Oberministranten 1984 konnte er weder diesem noch dessen Braut in die Augen schauen, und dabei sollte er beide doch auf eine Ehe und auch den Vollzug derselben vorbereiten. So gebildet er war, so gehemmt war er im Umgang mit dem Eros, überhaupt auch mit dem anderen Geschlecht. Ein klassischer Fall für die vielen Priester, die als Gelehrte hätten wirken sollen, aber nicht wirklich Menschen in Dingen belehren können, von denen sie keinerlei Ahnung haben. Ein Hypochonder von enormen Ausmaßen war er zudem. Er hat sich Krankheiten eingebildet, bis er sie schließlich bekam. Er lief stets hochnervös durch die Gegend und trug von Juli bis April lange Unterhosen.

Aber er war ein fanatischer Fan des FC Bayern. Wir wunderten uns anfangs oft, dass es an manchen Sonntagen keine Predigt gab. Bis wir den Zusammenhang mit den damals noch öfter vorkommenden Niederlagen der Bayern erkannten. Da hatte er sich schlichtweg einfach zu sehr aufgeregt, konnte, wie er dann bekannte, keinen klaren Gedanken mehr fassen. Später hat ihm der Arzt dann gar verboten, sich am Samstag Bayernspiele im Radio anzuhören oder in der Sportschau anzuschauen. Unvergesslich aber bleibt, wie der Leidl mit seinen Schaldinger Buben – den Ministranten, damals gab es noch keine Ministrantinnen – zu den Münchner Buben ins Olympiastadion gefahren ist. Fotos von den Teilnehmern mit Bayernmütze und T-Shirt bezeugen das Geschehen. Es war am 17. August 1976, die Bayern schlugen den RSC Anderlecht mit 2:1. Die Gute-Laune-Woche war gesichert.

Ich werde aus einem anderen Grund noch diese Fahrt nicht vergessen. Der Prälat hat mich nämlich am Maienplatz gut gelaunt beiseitegenommen und gemeint: »Ich habe dich gesehen gestern, wie du vom Oberlehrerhaus über die Mauer in den Friedhof gesprintet bist.« Er schmunzelte und ich dachte mir: »Sakra«. Am Vortag nämlich hatte ich meine Freundin besucht. Sie stammte aus Landsberg und war von den Eltern zu den Großeltern geschickt worden, damit sie in Passau die mittlere Reife machen konnte. Angeblich, jedenfalls behauptete sie das hartnäckig, war ihr Vater Gefängniswärter in jenem Gefängnis, in dem schon Hitler eingesessen und seine Bibel »Mein Kampf« geschrieben hatte. Immer dieser Hitler, wohin man blickt in seiner nachgeborenen Jugend, taucht er auf, auch wenn er mich damals wenig kümmerte.

Die Großeltern der ersten Liebe waren hochgeachtete Schaldinger, die beide in der Volksschule Schalding bis zu ihrer Pensionierung Generationen von Schülern formten. Auch mich. Aber sie waren streng, sehr streng. Ich kannte den alten Weißensee noch, wie er im Dutzend mit dem Spanischen, diesem aus einer Haselnussrute geschnittenen Stecken, den bösen Buben den Hintern versohlte. Was da geschah, würde heute wohl den Tatbestand des Missbrauchs spielend erfüllen. Damals war es die alte Kommis-Schule, gar mancher meinte, die »braune«, die autoritäre Methode, mit widerspenstigen Typen umzuspringen.

Das alte, damals schon pensionierte Lehrerpaar war immer dienstags in der Stadt, da galt es für mich, die Freundin zu besuchen. Doch einmal da kamen die beiden früher zurück als geglaubt. Ich wartete, bis die Haustür ging, dann schlich ich mich auf den Balkon, und als sie in die Wohnung im ersten Stock traten, sprang ich vom Balkon hinunter in den Garten und lief von da in besagtes angrenzendes Kirchengrundstück.

Und da hat er mich gesehen, einige Kleidungsstücke in der Hand, nicht am Körper. Er war kein »Schiaghaferl«, wie man bei uns in Bayern Leute nennt, die einen gleich verpetzen. Er hat noch knappe 20 Jahre später, bei einem der letzten Gespräche mit mir, lachend davon erzählt. Letztlich hat er wohlwollend meinen Lebensweg verfolgt, meinen Geburtstag nie vergessen. Und wie er mir auf dem Stamm einer gefällten Birke sitzend, unweit dem Ort, wo er wenig später sein Priestergrab finden sollte, erzählt hat, war er auch ein klein wenig stolz auf seinen ersten Ministranten.

An jenem Tag haben wir uns wohl vollends versöhnt. Ob er es wollte oder nicht, mir hat er damals noch einmal den Anstoß gegeben, die Richtung zu ändern, zurück auf den Weg zu finden, den die Kirche lehrt. Denn ich hatte mich aufgemacht zu den Anhöhen des Atheismus, des Agnostizismus, habe Hegel und Marx nachgespürt, bin bei Nietzsche und Feuerbach gelandet, habe mich mit Spinoza herumgetrieben. Camus hat mich lange beschäftigt. Sein Nicht-glauben-Können, das er in »Die Pest« so drehte und wendete, und der sich doch auch nicht abfinden konnte mit dem Tod und dem Leid als existenzieller Grundtatsache, der dennoch den Menschen retten wollte.

Davor ja, in den Schulbänken der ersten Jahre, da war die Welt in Ordnung. Dafür sorgten der liebe Gott und seine Engel. Die religiöse Schöpfungsgeschichte, wie sie uns beigebracht wurde, nahm ich für bare Münze. Ich zeichnete Menschen mit Flügeln und sah sie an allen Ecken und Enden wirken. Gott schuf die Welt in sieben Tagen samt Tag und Nacht, Himmel und Erde, Pflanzen und Tieren. Und er schuf uns, die Menschen, nach seinem Abbild. Und wie schön und gar zum gruseligen Ausmalen war die Geschichte von Adam und Eva und davon, wie das Übel in die Welt kam. Ich bekreuzigte mich mehrmals am Tag und hinterfragte stets mein Tun, ob es gottgefällig war. Die jüdisch-christliche Schöpfungsgeschichte machte das Denken leicht. Und doch setzte bald in den Jahren des Gymnasiums die Entzauberung ein, schleichend, aber nachhaltig kam der Zweifel. Was blieb, was immer blieb, war das Festhalten an den Riten, das Klammern an Mythen. Denn diese Geschichten des Alten Testaments sind großartige Geschichten, die immer noch viel Wahres enthalten.

Dann war da dieser so früh gealterte und dennoch kluge Professor, der mir angesichts seines nahenden Todes von den Zweifeln berichtete, die ihn ein Leben lang geplagt hätten, die er aber als

zum Glauben dazugehörig empfand. Du kannst
noch so viele Schriften der Gelehrten und Wis-
senschaftler, der Philosophen und Theologen lesen, sagte er, sie erklären vieles, aber nicht das
Letzte, dieses »Ich bin der: ich bin da«, das Gott
dem Mose auf dem heiligen Berg Horeb im bren-
nenden Dornbusch gesagt hatte. Ich bin, der ich
bin. Da gibt es nichts zu erklären, er existiert und
ist da. Mein Professor Dr. Dr. August Leidl hatte
auch keine letzte, rationale Antwort, er hatte keine Formel, die Welt zu erklären. Die letzten Din-
ge, die kannst du nur ganz persönlich mit dir aus-
machen, sie sind Prüfungen Gottes, gab er mir
mit auf den Weg.

Ich habe begonnen, Texte von Josef Ratzinger zu
lesen. Er hat lange bevor er Papst Benedikt XVI.
wurde, zum Glauben die Vernunft hinzugenom-
men. Er hat zum Passauer Journalisten und Buch-
autor Peter Seewald diesen Satz gesagt: »Insofern
ist ein Glaube ohne Verstand kein richtiger christ-
licher Glaube.« Und er zitiert den Satz seines Vor-
gängers Johannes Paul II.: »Glaube und Vernunft
sind die beiden Flügel, mit denen sich der Mensch
zur Betrachtung der Wahrheit erhebt.«

Dem großen Polen, dem Wojtyla-Papst, bin ich als junger Soldat begegnet. Er besuchte Deutschland, war in Altötting. Ich wurde in die Gnadenkapelle beordert, um dort stillzustehen in voller Montur und auf Sicherheit zu achten. Er ging nicht einfach an mir vorbei. Er sah mir in die Augen, er segnete mich. In diesem Moment öffnete sich mir der Himmel. Lange glaubte ich, der Massenhysterie um diesen wahrlich charismatischen Mann verfallen gewesen zu sein. Aber nein, da war mehr. Heute neige ich dazu, Ratzinger zu glauben, wenn er sagt: »Es gibt nichts, wo er nicht ist, weil er in allem ist.« Peter Seewald fragt Josef Ratzinger, was denn für ihn die Frage aller Fragen sei. Und er antwortet: »Die Frage, die ich haben würde, ist die, die eigentlich jeder hat: Warum ist diese Welt so, was bedeutet das ganze Leid in ihr, warum ist das Böse so mächtig in ihr, wenn Gott doch der eigentlich Mächtige ist.« Denken wir an Auschwitz, so stellt sich jeder diese Frage. Eine andere ganz zentrale Stelle ist die Antwort Benedikts auf die Frage, wie viele Wege es zu Gott gebe. »So viele, wie es Menschen gibt.« Denn auch innerhalb des gleichen Glaubens sei der Weg eines jeden Menschen ein ganz persönlicher. Und später ergänzt er: »Es gibt so viele Wege des erfüllten Lebens, wie es Menschen gibt.«

Glauben ist also ein Weg, keine Lehre, kein Credo, das sich anerziehen lässt. Der Glaube ist nie einfach da, nie einfach Besitz. Er ist ein Ringen, ein stetes und bisweilen ein hartes, gegen den ein Marathon oder gar ein Triathlon gar nichts ist. Also such ich weiter in dieser ganz und gar entzauberten Welt voller Hass und Unvernunft, stolpere über Stock und Stein dem »Ich bin, der ich bin« entgegen und fühle mich aufgehobener denn je.

Unser Carossa

Von der einstigen B 8 war schon die Rede. Früher zog es Hans Carossa noch auf der vom Pferd gezogenen Kutsche, später schon mit dem Auto durch das Dorf. Von Seestetten kommend, soll er den Schaldingern oft zugerufen haben, ob sie gesund seien, seine Dienste brauchten. Bejahten sie, so hielt er an und versuchte zu helfen. Ein hochnäsiger, volksfremder Arzt, wie ihm oft nachgesagt wurde, nein, das war er in den Augen der Schaldinger nicht. Viel und oft bin ich den Spuren dieses Dichters nachgegangen, habe seine meist autobiografischen Schriften gelesen, sie erschlossen mir die Heimat. In Seestetten weist die knorrige uralte Eiche am Kriegerdenkmal den Weg zu einem alten Anwesen. »Unsere alte Hütte«, wie Hans Carossa (1878–1956) sie nannte, liegt in einem verwilderten Garten. Nur im Winter sind Haus, Nebengebäude und Pavillon durch das blattlose Gestrüpp wahrnehmbar. Das Lenzengütl in Seestetten, gelegen zwischen Bahndamm und der Straße durch den kleinen, heute zur Stadt Vilshofen gehörenden Ort, ist unbewohnt und dem Verfall preisgegeben. Dabei ist es ein Kulturdenkmal, aber eines mit sehr ungewissem Schicksal.

1933 schrieb Hans Carossa einen Brief, in dem er »unsere alte Hütte« erwähnt: »Mir ist freilich noch nicht ganz klar, ob wir in ihr unsere Tage beschließen werden; wir haben wenig Sonne, und schon von September an legen sich die Morgennebel schwer herein; die unteren Räume sind vor Feuchtigkeit so gut wie unbewohnbar, es ›grabelt‹ überall, und schließlich läuft man Gefahr, samt dem Hause selber zu verschimmeln.« Auch in seiner Erzählung »Geheimnisse des reifen Lebens« (1936) beschrieb Carossa den schlechten Zustand des Daches, das den Regen durchlässt. Und doch, hier in Seestetten hat er das Donautal, das nahe Laufen- und Setzenbachtal und die dichten Wälder des Neuburger Waldes lieben gelernt, hier hat er einen guten Teil seines Werkes verfasst.

1890 hatte der Lenzenbauer sein Anwesen, dessen Geschichte bis ins 17. Jahrhundert zurückzuverfolgen ist, nicht seinen Seestettener Verwandten, sondern seiner Nichte Maria Auguste, der

Mutter des Dichters, vermacht. In »Verwandlungen einer Jugend« erzählt Carossa, dessen väterliche Vorfahren aus dem Ruhstorfer Raum stammten, warum die Mutter erbte. Der Bauer war sich sicher, dass im Gegensatz zu seinen Verwandten Maria die alte Eiche am Setzenbach erhalten würde. Ab 1892 kam die damals noch in Pilsting lebende Familie Carossa in den Ferien ins Lenzengütl. Carossa schildert in den »Verwandlungen« den ersten Besuch, bei dem er gleich die viel gerühmte Eiche aufsucht und sich fortan in das Anwesen verliebt.

1897 zieht die Familie ganz nach Seestetten, wo Karl Carossa zunächst als Arzt praktiziert, bevor er 1900 eine Praxis in Passau eröffnet. Schwer lungenkrank stirbt er schon 1906. Der Sohn, der auch Arzt wird, verbringt viel Zeit in Seestetten, bis er 1929 hier selbst Wohnung nimmt. In vielen Gedichten und Prosatexten scheint auf, dass es glückliche Jahre sind, die der Dichter hier verbringt, der Erde und ihren Kräften fast magisch eng verbunden. Hier lernt er seine Jugendliebe Amalie Danzer kennen, mit der er Donau und Laufenbach erkundet. Das Gedicht »Die Ahnfrau« entsteht 1913 zunächst unter dem Titel »Seestetten«. Mit seiner Frau Valerie und dem 1906 geborenen Sohn Hans Wilhelm zieht Carossa zur kranken Mutter ins alte Bauernhaus und praktiziert als Arzt. Für den Dichter ist das Haus, in dem viele Generationen kamen und gingen, ein Ort des sich ständig erneuernden Lebens. Carossa hat unruhige Jahre, 1914 zieht er mit seiner Familie nach München, 1915 als Arzt in den Krieg, nach Rumänien, nach Flandern, wo er 1918 verwundet und aus dem Militärdienst entlassen wird. Nach dem Dienst ist er Kassenarzt in München. Immer wieder ist er aber für Wochen im Lenzengütl, um zu schreiben, unter anderem das Gedicht »Im alten Hause beim Bahndamm«. In einem Brief aus dem Jahr 1943 ist zu lesen: »Die Verse vom alten Haus beim Bahndamm sind lange vor dem Krieg entstanden. Sie stammen aus Seestetten, wo wir wirklich in einem alten Hause dicht beim Bahndamm wohnten.«

Nicht nur das Geräusch der Züge wird ihm vertraut, ein ständig wiederkehrendes Motiv seiner Dichtung ist das »Murmeln des Brunnens vor dem Hause«. Das bekannte Gedicht »Der alte Brunnen« nimmt hier seinen Anfang und wohl auch der berühmte Vierzeiler »Was einer ist, was einer war,/Beim Scheiden wird es offenbar./Wir hörens nicht, wenn Gottes Weise summt,/Wir schaudern erst, wenn sie verstummt.«

Carossa war ein feinfühliger Mensch und es gefiel ihm nicht, als die Aufstauung der Donau (»der große fließende Magnet«) durch den Bau des Kachlet-Kraftwerks (1922–1927) die wild rauschenden Flussgeräusche verstummen ließ. In »Geheimnisse des reifen Lebens« ist dies wunderschön nachzulesen.

Von 1929 bis 1941 lebt Carossa im Lenzengütl. Nach dem Tod der ersten Frau Valerie 1941 zieht er nach Rittsteig bei Passau zu Hedwig Kerber, die 1943 seine zweite Frau wird und zu der er schon 1926 eine Beziehung begonnen hat, der 1930 die Tochter Eva entsprang. Das alte Haus in Seestetten wird zunächst von Verwandten bewohnt, später steht es leer. Erhalten bleiben nur die Möbel und Bücher, die Hans Wilhelm Carossa erbt. Nach dessen Tod bewahrt sie dessen Witwe auf und überlässt sie 1989 als den »Seestettener Nachlass Hans Carossas« der Stadt Passau. Die Zukunft des Hauses selbst ist mehr als ungewiss. Die jetzigen

Besitzer sind zerstritten und können sich nicht einigen, es der Stadt Vilshofen oder dem Freundeskreis Sandbach zu überlassen, die es gerne als würdige Gedenkstätte für den Arzt und Dichter Hans Carossa erhalten würden. So kann es gut sein, dass die alte Eiche vor dem Haus als Mahnmal auch für das Dichterhaus allein noch überdauert. Dabei wäre es so wichtig, den Dichter des Passauer Landes, der wie kein Zweiter dessen Schönheit mit seiner Literatur in die ganze Welt hinausgetragen hat, auf diese Weise zu ehren und neben das in Passau-Rittsteig von der Tochter behütete Erbe zu stellen. Dass die Großmutter meiner Frau einst als Zugehfrau in der Rittsteiger Villa ein und aus ging und das letzte Drittel des Dichterdaseins mit den Augen einer einfachen Frau erlebte, rundet den Bezug zu ihm ab. Zumindest in meinem Gedächtnis wird er ein Plätzchen behalten.

Mäzenaten

Die Schaldinger sollten mit Dr. Stadler einen ähnlich guten Landarzt bekommen. Er war auch mein erster Hausarzt, sein Haus mit Praxis lag ja auch nur einen Steinwurf weit von zuhause weg. Er und seine Frau, die sich auch gern Frau Dr. Stadler rufen ließ, obwohl sie natürlich keine Ärztin war, kümmerten sich um die Schaldinger, solange es ging. Dr. Stadler starb früh den Herztod. Während er einen Nachfolger in Dr. Ernst Zuleeg fand, gab es für die Apotheke, die sich neben der Schusterei befand, keine Zukunft mehr. Immerhin, auch eine solche Einrichtung hatte es hier gegeben.

Dass der Stadler-Sohn eine große politische Karriere machen sollte, bekam der Vater nicht mehr mit. Der Max, knapp zehn Jahre älter als ich, war einer der Ersten aus dem Dorf, der promovierte, Richter und Universitätsdozent wurde. Und als Mitglied der FDP wurde er Stadtrat und Bundestagsabgeordneter. Er führte die bayerische FDP und wurde schließlich auch Staatssekretär im Bundesjustizministerium. Den oft im ZDF oder in der ARD als Experten redenden Max sahen die Schaldinger gern und viel auch daheim. Er blieb auf dem Boden, wie es so schön heißt. Der einst begeisterte Tischtennisspieler und Donaldist – er sammelte alles rund um Donald Duck und Micky Maus – war Dauergast bei den Spielen des SV Schalding. Dass er – es seinem Vater gleichtuend – früh sterben musste, quasi im Zenit seines Lebens und beinah noch mit dem Golfschläger in der Hand, erschütterte das Dorf. Er war ein Schaldinger, wie er auch in Berlin oft sagte. Und wer weiß schon noch, dass er, weil sein um seine Gesundheit fürchtender Vater ihn nicht Fußball spielen ließ, eine erste Schaldinger Tischtenniscrew gründete.

Vom Heininger war schon die Rede. Der Vater Michael Heininger war 1917 nach Schalding rechts der Donau gekommen als Viehhändler, Metzger und Gastwirt. Vor allem drei seiner Töchter schrieben sich in die Dorfgeschichte ein. Rosa Heininger war eine gebürtige Schaldingerin. Sie ging hier gemeinsam mit ihren Geschwistern zur Schule, die zunächst überm Stall beim Wirt war, bevor Michael Heininger sie in den Sälen eines neu gebauten großen Hauses unterbrachte. Nach dem Tod ihres Vaters führten die drei Geschwister Rosa, Berta und Anneliese das Haus Heininger mit Wirtshaus, Metzgerei und Bäckerei mit klar geregelter Aufgabenteilung fort. Berta war für das Wirtshaus zuständig, Rosa für die Metzgerei und Anneliese für die Bäckerei. Der Satz »Derfs a wengal mehra sei?« machte Rosa Heininger fast zur Legende. Es war übrigens keine Frage, sondern eine Tatsache, dass es »ein wenig mehra« sein durfte. Warum auch nicht. Die Wurst, die ihr Metzgermeister Rudolf Stangl mit seinen Gesellen gemacht hat, war weit über die Grenzen Schaldings hinaus ein Begriff. Lange stand das Roserl im Geschäft. Es war die Zeit, als Tante Emma noch ein Begriff war, es noch die kleinen Lebensmittelläden gab, bei denen man alles das kaufen konnte, was man zum Alltag brauchte.

Nachdem schon ihr Vater den Grund zum Bau der Schaldinger Kirche und später auch das Gelände, auf dem der Sportplatz gebaut wurde, zur Verfügung gestellt hatte, übernahmen die Heininger-Töchter das Mäzenatentum des Vaters ganz selbstverständlich. Feuerwehr, Sport-, Schützen- und Sparverein, überall waren sie dabei, immer auch, wenn es um Unterstützung ging. Den Vereinen stellten sie Schützenheim, Saal und andere Räume zur Verfügung. Und ihr Wirtshaus, in dem sie natürlich auch oft genug standen, war ein Treffpunkt des ganzen Dorfes. Die Heininger-Mädchen nahmen sich alle drei keinen Ehemann. Nicht selten bedienten sie alle abwechselnd dort, wo sie gebraucht wurden. Die Berta war die perfekte Wirtin, sie kochte gutbürgerlich bevorzugt mit dem, was aus der Schlachterei nebenan kam. Dort agierte der Stangl Rudl, der auch Lebensgefährte vom Roserl wurde. Sein Leberkäs und seine Thurnerwürstel – so heißen bei uns die Wiener oder Frankfurter nach dem legendären Passauer Metzgermeister Ignaz Thurner – lockten die Käufer aus dem ganzen Passauer Land. Der Rudl war Metzger und Feuerwehrmann mit Leidenschaft. Als Kommandant der Wehr leistete er Unglaubliches, war stets als Erster zur Stelle und immer Vorbild, für Alt und Jung. Menschen wie er bildeten den Charakter der Jugend damals mehr als jeder Lehrer, jeder Politiker oder sonstiges

Wesen, das sich gern als Vorbild sah. Tätige Hilfe am Nächsten, Zupacken überall, gradheraus die Wahrheit sagen, das zeichnete diesen Helden des Normalen aus. Er schlachtete von Berufs wegen Tiere und verwurstete sie, aber er liebte die Tiere als Geschöpfe Gottes auch. Er hielt sich etliche – besonders Pferde – als Haustiere und kümmerte sich auch darum, dass das Wirtshaus immer einen Xari hatte. So hießen immer die Boxer, die dann im Wirtshaus unter dem Stammtisch lagen und den Männern beim Trinken, Reden und Kartenspielen zuschauten. Legendär sind die Winde, die auch die Hunde plagten, und so mancher Xari-Furz hat den Stammtisch kurz Reißaus nehmen und Luft schnappen lassen.

Wir reden von Zeiten, in denen der Gang ins Wirtshaus noch zum Leben gehörte, denn dort spielte sich dieses auch ab. Dort wurde miteinander kommuniziert, diskutiert, aber auch gestritten, immer wieder sich auch versöhnt. Dort trafen sich die wichtigen Vereine, Sportverein, Feuerwehr, Schützen, Sparverein und auch der Bundesliga-Stammtisch. Kein Handy, kein sonstiges elektronisches

Gerät ersetzte das Gespräch, das Facebook waren der Stammtisch und die große Runde, die immer was wusste. Es gab nicht nur den Heininger, auch zum Wirt in Bibersbach zog es die Leute. Das Wirtshaus am Bach war auch ein Treffpunkt der Vereine. Der Sparverein, der in kargen Zeiten wichtig war für die Dörfler – er besorgte billige Kohle zum Heizen und hielt die Menschen zum Sparen an – hatte hier sein Domizil. Im Gedächtnis geblieben sind einige Faschingssonntage, an denen im Bibersbach die Kinder das Sagen hatten. Erst als der alte Wirt auf immer zusperrte, wanderte die Veranstaltung in den Heiningersaal und wurde auch hier bis ins neue Jahrtausend hinein ein wichtiger Faktor des Gesellschaftslebens. Dazu kamen die Bälle, die von den Holzhauern, den Landwirten, den Schützen oder den Sportlern organisiert wurden. Alles Schnee von gestern, am längsten hielten es die Feuerwehrkameraden aus, bis auch ihnen die Lust am Faschingfeiern ausging. Und mühsam versuchte sich im 21. Jahrhundert ein kleiner Dorfladen in der ehemaligen Metzgerei zu halten. Nach kurzem Intermezzo war auch schon wieder Schluss.

Die Tante-Emma-Läden der Bachl Annerl oder der Nagelmüllerin sind auch nur noch den heute über 50-Jährigen erinnerlich. Früher waren diese Geschäfte nicht nur wichtige Lebensmittellieferanten, sondern auch Informationsbörse. Hier tauschten sich die Dörfler aus. Man kannte sich, weil man sich traf.

Heute schläft man noch in Schalding, eingekauft wird im Supermarkt, weitgehend anonym. Ja, die Leute beklagen das Fehlen all dessen, was das Dorf früher ausmachte, aber sie kaufen doch lieber bei Aldi und Co., sie meiden das Wirtshaus, den Stammtisch und den Ratsch bei Tante Emma. Und bald werden sie auch die Kirche meiden. Dann ist wirklich himmlische Ruh auf dem Hummelbergacker.

Lernen fürs Leben

Eine wichtige Frau darf nicht vergessen werden. War das Lehrerehepaar Weißensee eine aus dem 19. Jahrhundert übrig gebliebene Autoritätsinstitution mit überstrenger Regentschaft, so war Franziska Moser das glatte Gegenteil. Sie hatte sich die Strenge nur wie einen leichten Mantel übergeworfen. Darunter wirkte eine große Freundlichkeit, eine Menschen-, Tier- und Naturliebe, die sie weitergab an viele Schaldinger Kinder. Noch heute kennen ihre Dritt- und Viertklassler die Blumen und Pflanzen, die am Wegrand, auf der Wiese oder im Wald wachsen. Und auch das Getier am Boden und in der Luft. Ja, da gab es sie noch bzw. sah man sie noch, den Schwalbenschwanz, den Admiral, den Fetthennen-Bläuling, den Apollo oder all die Weißlinge und Gelblinge. Rechnen und Schreiben lernte man eher nebenbei oder vielleicht gerade deswegen so spielerisch, weil Fauna und Flora und die Heimatkunde so hoch im Ansehen standen.

Der Schulweg wurde zum Sammel-Wettlauf. Wer eine Pflanze, egal ob einen unscheinbaren Spitzwegerich oder eine wunderschön blühende Steinnelke, mitbrachte, sich vor die Klasse stellte und den Fund in seiner Hand richtig benennen konnte, bekam ein Gutzettelchen. Hatte man davon zehn, so gab es eines der wunderschönen Blumenbildchen mit Feen und Zwergen und einem schönen Spruch drauf. Wir waren ganz heiß auf die Zettelchen. Das ist ein Wiesenschaumkraut, das ist eine Wiesen-Glockenblume, das ist ein Beinwell. Kornblume, Wegwarte, Wiesenstorchschnabel, Tausendgüldenkraut, Kornrade, Ochsenzunge, Buschwindröschen, Löwenmaul, Akelei, Schlangenknöterich, Hexen- oder Zimbelkraut – ich habe die Namen immer noch im Ohr und kann vieles benennen, Franziska Moser sei Dank. Bei Exkursionen in den Wald wollte die Lehrerin uns die verschiedenen Pilze näherbringen. Es wurde eine Lehrstunde für sie, mit mir in einer ersten Version des Referenten. Denn die Namen der Krausen Glucke, des Hexenröhrlings, den man bei uns Zigeuner nennt, der Ziegenlippe oder des Milchbrätlings, um nur einige zu nennen, kamen wie geschossen aus dem Mund, hatte ich doch neben Karl May auch mehrere Fachbücher über die Pilze fast auswendig gelernt.

Und weil die Frau Moser an der Seite ihres Rechtsanwaltsgatten Albert den Kirchenchor leitete, war auch das Musikalische nicht an den Rand gedrängt. Nach der Blumenparade kamen Triangel, Trommel, Harmonik und Flöte zum Einsatz. Ach, waren diese beiden Jahre schön. Die Mosers ließen auch die Kirchgänger singen und manchmal schmunzeln, denn nicht alles war perfekt, hatte doch jede Note ihr Eigenleben. Und unvergesslich, weil auch nicht mehr in die Gegenwart gerettet, sind die alljährlichen Ausflüge der Sängerinnen und Sänger samt Anhang. Es ging immer ins nahe Österreichische, und immer war nach einem Kirchenbesuch samt Messe und Gesang dann Einkehr angesagt in der Zipfer Brauerei, wo eine alte Holzkegelbahn die Kinder lockte, während die Väter frühschoppten. Und fast jede Heimkehr endete spätnachts im Stift Reichersberg. Dazwischen war man irgendwo an einem österreichischen See oder am Berg. Haften geblieben sind die Einkehrstunden und die Busfahrten,

wo nach Kräften dann nicht nur kirchlicher Gesang für Stimmung sorgte.

Ein Gruß von Kubin

Oft zog es uns in den Wald, sommers wie winters. Einmal führte uns eine Wanderung mit Langlaufskiern zur Schmidmayerhöhe. Dieser Name wurde uns von den Eltern beigebracht, die hierher mit uns Kindern von klein auf zum Brotzeitmachen, Spielen und sonntäglichem Zeitvertreib kamen. Vier, fünf Familien mit zwei oder mehr Kindern, auch kinderlose Freunde waren dabei, die Männer spielten entweder mit den Buben auf der Wiese Fußball oder Schafkopf. Es war schlichtweg schöne Sommerfrische an einem Stück Natur, wo Wald und Wiese sich trafen und keinerlei Lärm von irgendeiner Straße zu hören war.

Dort oben, knapp im Wald auf einem von Bäumen befreiten Karree, stand ein großes Holzhaus, die Farbe des Holzes war schon schwarz geworden. Zu Kinderzeiten war es eingezäunt. Wir durften dort nicht spielen. Die Eltern meinten nur, da würde es spuken. Das genügte uns als Kindern. Nicht mehr aber als Lausbuben. Auf besagter Wanderung durch wunderschön in

der Wintersonne glitzernden Pulverschnee überkam es uns. Der Zaun war weg. Die Fenster freilich mit Holzläden versiegelt. Wir erklommen
den Balkon, ein Kinderspiel. Doch auch hier kein
Zugang. Wir kletterten aufs Dach und hoben
die Schindel an. Und bald standen wir auf dem
Dachboden des Hauses. Wir gingen hinab und
staunten nur so. Altes Mobiliar stand da, meist
zugedeckt. Vorsichtig und auch mit viel Angst
vor unserem eigenen Mut schritten wir alle Zim-
mer ab. Auf der nach Süden hin gerichteten Seite stand ein Schreibtisch. Die Rillen des hölzernen Fensterladens ließen nur wenig Lichtstrahlen
herein. Wir öffneten das Fenster und fast traf uns
der Schlag. Da stand ein Totenschädel auf dem
Schreibtisch. In den Augenhöhlen steckten allerhand Stifte. Wir wagten kaum zu atmen und da
wurde uns zudem bewusst, dass wir einen veritablen Hausfriedensbruch begangen hatten. Blitzar-
tig rannten wir zum Dachboden hoch, kletterten
raus, legten die Schindel wieder in ihre alte Positi-
on und rutschten vom Dach in unsere Langlauf-
ski. Und weg!

Diese Begegnung blieb mir unvergessen. Ich forschte später nach. Unsere Eltern wussten nicht, warum der Ort »Zur Schmidmayer« hieß. Ich kam auf Therese Schmidmayer (1893–1982), eine heute kaum mehr bekannte Künstlerin, die ihren Lebensabend in Spanien verbrachte. Sie war eine frühe und langjährige enge Freundin von Hedwig Kerber, jener Hedwig Kerber, die zu Hans Carossas zweiter Frau werden sollte. Die Unternehmerfamilie Kerber war reich, besaß viele Ländereien. Auch jenes Waldgrundstück gehörte ihr. Sie überließ das Häuschen am Waldrand der Künstlerin. Diese soll so gut wie nichts besessen, sich ganz ihrer Kunst gewidmet haben. Sie wählte die Waldeinsamkeit. Sie soll mit der Künstlerin Margarete Schneider-Reichel, mit Alfred Kubin und natürlich mit Hans Carossa befreundet gewesen sein.

Hans Carossa schreibt über ihre Mappe mit Blumenzeichnungen: »An einem Vormittag sah ich die grauen Mappen durch; … genaue Nachbildungen aller in unserer Gegend vorkommenden Blumen. … die unendliche Blumenwelt, von der Novalis spricht, schien wenigstens für Sekunden aufgehoben. … anfangs mochte sie ängstlich die Staubfäden gezählt haben; später durfte sie sich voll Vertrauen die Pflanzen einfach von der Seele zeichnen.«

Carossa wird oft über das Laufenbachtal diesen Weg zu seiner Freundin Hedwig Kerber genommen haben. Und er soll der Therese als Geschenk des Magiers von Zwickledt, wie Alfred Kubin genannt wurde, diesen Totenschädel mitgebracht haben. Diesem abgründigen Meister des Zwielichtigen, dem das unwissende Volk so mancherlei Geheimnisvolle andichtete, ist es zuzutrauen. Schade, dass wir damals das Fundstück nicht mitgenommen haben. Wer weiß, was aus ihm geworden ist. Aber es ist wieder eine scheinbar unvermittelte Begegnung mit jenen mich so einnehmenden Figuren.

Foto: Thomas Jäger

Dr. Stefan Rammer, 1960 geboren in Passau. Seit 1983 Mitherausgeber der Literaturzeitschrift »Passauer Pegasus«, von 1983 bis 1988 Sachbearbeiter des Deutschen Bundestags, von 1983 bis 1989 Mitarbeiter der Ausstellung »Widerstand gegen den Nationalsozialismus« in Berlin. Seit 1990 Redakteur der »Passauer Neuen Presse«. Zahlreiche Publikationen zu Zeitgeschichte, bildender Kunst und Literatur.

Josef Schneck, geboren 1947 in Spiegelau (Bayern), seit 1987 freischaffender Maler und Bildhauer, lebt in Riedlhütte (Bayerischer Wald).

WEITERE TITEL DES OÖ. P.E.N.-CLUBS:

Czerni Margret, Ein Weltbürger
128 Seiten, broschiert, ISBN 978-3-85068-398-8

Dieckmann Felix, Köpfe
128 Seiten, broschiert, ISBN 978-3-85068-585-6

Diverse, Die österreichische Literatur ist keineswegs ein bloßer
Wurmfortsatz der deutschen. Ein Weißbuch
112 Seiten, brosch., ISBN 978-3-85068-849-9

Diverse, Österreich – Ostarrichi
112 Seiten, broschiert, ISBN 978-3-85068-503-0

Diverse, Wie schwierig ist es jung zu sein
112 Seiten, broschiert, ISBN 978-3-85068-456-9

Duschlbauer Thomas Werner, Ein Stuhl im Niemandsland
112 Seiten, brosch., ISBN 978-3-85068-436-1

Fussenegger Gertrud, Eggebrecht
120 Seiten, broschiert, ISBN 978-3-85068-372-2

Giese Alexander, Die Mitten der Welt
104 Seiten, broschiert, ISBN 978-3-85068-429-3

Huszar / Pühringer, Augenblicke – Ohrentöne
96 Seiten, broschiert, ISBN 978-3-85068-756-0

Jerschowa Marion u.a., Das Menetekel
104 Seiten, broschiert, ISBN 978-3-85068-647-1

Kohl Walter, Katzengras
152 Seiten, broschiert, ISBN 978-3-85068-397-5

Krenner Günther Giselher, Lieb' Heimatland
108 Seiten, broschiert, ISBN 978-3-85068-373-9

Pauli Herbert, Schauen und sehen
112 Seiten, brosch., ISBN 978-3-85068-835-2

Pindelinski A., Das Innviertel
136 Seiten, broschiert, ISBN 978-3-85068-545-0

Pindelski A., Friedrich Ch. Zauner
100 Seiten, broschiert, ISBN 978-3-85068-665-5

Prillinger Elfriede, Leise Unsterblichkeiten
104 Seiten, broschiert, ISBN 978-3-85068-528-3

ENNSTHALER VERLAG STEYR

WEITERE TITEL DES OÖ. P.E.N.-CLUBS:

ENNSTHALER VERLAG STEYR

Zauner Friedrich Ch., Abraham im ägyptischen Exil /
Abraham und Isaak oder Die Prüfung
136 Seiten, brosch., ISBN 978-3-85068-874-1

Zauner Friedrich Ch., König David /
Von Jakob, Josef und seinen Brüdern. Eine biblische Chronik
160 Seiten, brosch., ISBN 978-3-85068-892-5

Zauner Friedrich Ch., Tamar oder Wie eine Stele /
Simson oder Die Kraft und die Sendung
160 Seiten, brosch., ISBN 978-3-85068-923-6

Zauner Friedrich Ch.,
Ysop auf dem Feld oder Die ersten Menschen / Lot, der Neffe
oder Das Mittelstück der Abraham-Trilogie
164 Seiten, broschiert, ISBN 978-3-85068-950-2

Zauner Friedrich Ch., Elias
98 Seiten, broschiert, ISBN 978-3-85068-968-7

Zauner Roswitha, Meine Liebe – Mein Land
96 Seiten, broschiert, ISBN 978-3-85068-526-9

Zauner Roswitha, Oskar legt ein Ei
144 Seiten, broschiert, ISBN 978-3-85068-431-6

Zauner Roswitha, Valerian hat die Magie
96 Seiten, broschiert, ISBN 978-3-85068-638-9

Zauner Roswitha, Quendel unterm Regenbogen
128 Seiten, broschiert, ISBN 978-3-85068-458-3

Zauner Roswitha, Schneewittchen
128 Seiten, broschiert, ISBN 978-3-85068-371-5

Zauner Roswitha, Unterwegs nach Irgendwo
120 Seiten, broschiert, ISBN 978-3-85068-562-7

Zauner Roswitha, Wenn ich deine Honda wäre
104 Seiten, broschiert, ISBN 978-3-85068-573-3

Zemme Oskar, Blick aus der Kulisse
136 Seiten, broschiert, ISBN 978-3-85068-549-8

Zemme Oskar, Maria – Abschied von den Träumen
88 Seiten, broschiert, ISBN 978-3-85068-457-6

ENNSTHALER VERLAG STEYR